この本の対象読者

- お金がなくて、生活が苦しい人
- 「何者か」になりたいけど、なれていない人
- しんどい労働はせずに、生きていきたい人
- プロ奢《おご》ラレヤーがどのように現在の生き方に行き着いたのか、その方法論を知りたい人

※こんな感じの人以外は、読まないことをおすすめします。

まえがき

プロ奢ラレヤーは、あきらめの産物

どうも、プロ奢ラレヤーです。

よく「あきらめなければ夢は叶う」「あきらめたらそこで試合終了ですよ」などと言う人がいます。たぶん、この本の横にズラーっと並ぶ本も、読んでみるとだいたい同じようなことを言っていることでしょう。

「あきらめるな。努力しろ。そうすれば夢は叶う！」「もし夢が叶わないなら、それはお前の努力が足りないからだ！　だから、俺はウソをついていない！」と。

残念なことですが、これはウソです。夢は叶いません。というか、そもそも世界のあらゆる夢はほとんど叶っていません。なんなら、「99・9％」の夢は叶わない。そこに努力があろうが、「あきらめない」でいようが、現実的に99・9％の夢はいつだって幻《まぼろし》なのです。

たとえば、プロ野球選手になるために、今日も一生懸命に練習をしている人がたくさんいます。それは結構なことです。人生、何もしなくても暇《ひま》なだけですからね。

ですが、そういう話とは別に、現実は残酷なものです。

そもそも、日本に現役のプロ野球選手がどれくらいいるか、あなたは知っていますか？約1000人です。そして、そこを目指して練習している高校生が常に15万人以上。1学年当たり約5万人です。これが何年も何十年も束になって、ようやくその中の1000人がプロ野球選手に（少なくとも数年は）なれるというわけです。

1年のドラフトにかかるのは育成契約まで含めても約100人ですから、高校3年生の最後の大会まで「あきらめなかった」人だけを考えても、ドラフトで指名される確率は約0・02％。つまり、99・98％の人は結局無理なのです。

では、なぜ「あきらめなければ夢は叶う」「あきらめたらそこで試合終了ですよ」と言う人がいつまでも絶えず、しかもそうした考えが多くの人に信仰されているのでしょうか。

答えは簡単です。まず1つは人間がバカだから。

「99・9％は成功しない」ということを知らないか、もしくは「知っているけれど、自分だけは違う」と考えているから。人間はバカなので、「多くの人はそうかもしれないけれど、自分だけは例外だ」と5万人が同時に考えていたりするのです。

そしてもう1つは、どれだけ多くの他人の人生が泡沫《ほうまつ》に終わろうとも、一人の天才が生まれたらそれでいいから。これは「本人以外」の目線です。

甲子園で泣き崩れる選手たちを見て「かわいそう〜」「感動した〜」ということはあれど、結局そんなことは数日すれば忘れ去り、その中でプロ野球入りした精鋭《せいえい》だけを応援する。自分の応援しているチームに加わった、化け物ルーキーを見て喜ぶ。

彼らにとって「球児一人の涙」なんて、そのくらいのものでしかないのです。

「どうやら毎年5万人を崖《がけ》の下に落としたら、そのうち100人くらいが生還して、めちゃくちゃ面白い殴《なぐ》り合いをしてくれるらしいぞ〜」。

そう聞きつけた人たちが、安易に「よし、もっと落ちろ、そしてはい上がれ！　100人に入れ！　頑張ればできる！　あきらめたらそこで試合終了！　はい上がれないのはお前が悪い！」とエール（？）を送ってくる。これが「あきらめるな」というメッセージの正体。

とはいえ、そんなことを言ってくる彼らは責任なんて取ってはくれません。

彼らにとって、毎年崖の下に積み上げられる「4万9900人」の死体の山など、心底どうでもいいことなのです。


ちなみに、「へぇ〜野球は大変やなあ〜」「よかった〜僕はプロスポーツ選手を目指してなくて〜」と思った、そこのあなた。これは何もスポーツ選手だけの話ではありません。

それこそ、この構造は「社会に出てから」もあります。というか、そっちのほうがずっとエグいのです。


人生すべてを野球に懸《か》けてきた高校球児がプロ野球選手になれなくても誰も死にませんが、人生すべてを社会活動に懸けてきた人間が「プロ社会人」になれなかったとき、人間は普通に死にます。これは日本人が毎年2万人自殺しているというデータからもわかります。

2万人ですよ。日本国内のコロナによる死亡者数より断然多い。これは冗談ではありません。

あきらめたら試合終了だけど、試合終了しないと普通に死にますよ。

だから本書では、そんな「あきらめてはいけない」という呪《のろ》いに、そして、そんな呪いを平気でかけてくる人々に「殺されないための文章」を書いたつもりです。

本書を手に取った読者が、何か1つでも「あきらめる」ことができたら大成功です。くだらない夢はあきらめろ！　煽動者《せんどうしゃ》に踊らされるな！　さっさとあきらめて試合を終わらせろ！

……と、こんな「逆・自己啓発本」のような立ち位置で、とにかく「あきらめる」ということの大切さ、そのためのヒントとなることをちりばめています。

これらはあくまで参考程度に、用法用量を守って楽しく読んでくれたらと思っています。あきらめることは決して悪いことなんかじゃない。それは殺されないための技術であり、よりよく生きていくための教養なのです。

◇　◇　◇

さて、僕が「あきらめる」ということを語るにあたって、おそらく読者は「じゃあ、お前はどんだけあきらめてんだよ？」と考えると思います。

やっぱり、野球のことを聞くならメジャーリーガーに聞きたいですよね。そんな景気づけを兼ねて、この辺で簡単に自己紹介をしていきたいと思います。


僕は「プロ奢ラレヤー」という活動をかれこれ3年半ほどしています。

その名の通り、「奢ら、れ、る、プロ」です。

日々Twitterを介して、「奢らせてください」ときたメッセージに返信をし、実際にメシを奢られるのが僕の仕事です。


3年半前、当時19歳だった僕は、まず「労働」をあきらめました。

「バイトするくらいなら、メシなんていらない！」「公園で寝て、だらだらしてるほうがずっとマシ！」「働いて食う焼肉より、働かずに食う雑草だ！」——そんなこんなで、物価の安い国へ行って、ホームレスをしたり、適当に現地で作った友達にメシを奢られたり、ゴミ箱から拾ったハンバーガーを漁《あさ》ったりして生活していました。

この頃はとにかくお金がなかったので、まず「自分の金でメシを食う」ということを「あきらめる」ことにしたわけです。

僕に会いたいというTwitterのフォロワーにメシを奢られたら、タダでメシが食えていいじゃん！　しかも、働かずに焼肉が食える！　最高！　これで食費は完全に0円になりました。

そして、次に「家」をあきらめました。

フォロワーの家に泊まればタダでいいじゃん！　外よりも100倍は優雅!!　タダなのに暖かい！　涼しい！　Wi-Fiもあって、風呂も入れる！

これで、家賃も0円になりました。プライドも、完全に0です。

そうして、とにかく「獲得するのが難しいもの、面倒なもの」を片っ端からあきらめていった結果、「お金を稼ぐために過ごす時間」も0になり、その代わりに、たくさんの「暇」、「経験」と「知見」、それに加えて「良き友人」と、いまやなぜだか「お金」まで手に入り、現在では「高校生が駄菓子を買うくらいの感覚」で、家に住んだりしています。

ちなみに、家も「くれ」と言って、フォロワーにもらいました。

ここまで読んで、「結局、なんかすごいやつなんじゃん」と思った人も、もしかしたらいるかもしれません。

ですが、断言します。これはあくまで結果論であり、僕は「一般社会で求められること」に関しては、何一つマトモにできない。

まず、靴下が履《は》けません。だから、ずっと下駄です。冗談ではなく、靴下を履くと死にたくなってしまい、何も考えられなくなってしまうのです。どこかに就職しようにも、もうバリ島の企業くらいしか選択肢がないでしょう。

もちろんスーツもダメです。スケジュールが決められるのも嫌だし、そもそもお金ごときのために時間を使うのは絶対に嫌！

だから、結果論として「すごいやつ」でも、それは「できないこと、向いていないこと」を「あきらめた」からこその結果なのです。僕自身、あきらめて、あきらめて、あきらめた先に、やっといまの状態があるのです。

「あきらめる」ということ――これはどこか「悪いこと」として扱われる節があります。

しかし、それはきれいごとです。あきらめることなくして、得られるものはありません。極論を言えば、プロ野球選手になることができるのも、少なからず「あきらめる」を行なってきた人間なのです。

欲しいグラブを買うために、駄菓子屋に行くことを我慢したかもしれない。みんなと同じように遊戯王《ゆうぎおう》カードを買うのをあきらめたかもしれない。友達と遊ぶことをあきらめたかもしれない。たくさんの「あきらめる」のうえに、その塔ははじめて建つわけです。

「あきらめる」とは、自分自身が心の底から「本当に大切にしたいもの」を守り抜く力です。

それは、決して敵などではありません。

「あきらめる」を味方につけることで、人生はむしろ、ずっと豊かなものになっていくのです。

目次

第2章

あきらめたくないものに気づくための9ステップ

第3章

あきらめにくい6つのハードル

第4章

実践編 あきらめチャレンジ

第5章

番外編

「あきらめる」以上に何か欲しい人へ

エピローグ

あとがき

写真　上原朋也
ブックデザイン　小口翔平＋喜來詩織＋加瀬梓（tobufune）
ＤＴＰ　キャップス
編集協力　片岡あけの

プロローグ

「あきらめ」推奨宣言

～いましんどいなら、あきらめたほうが幸せになれる～

●「あきらめない」リスクに気づけ！

一般的に、「あきらめる」というのは、あまり良い意味では捉《とら》えられない行為だ。

その反対に、「あきらめない」というのは、なぜか非常に評価されやすい姿勢である。

――こういった「あきらめない」根性論というのは、単純明快でどんなバカにでも支持できるから、まかり通るのは仕方のないことではある。

多数決の世の中だから、バカが勝つのは仕方がない。

だが、僕はこの常識的ともいえる考え方に明確に異議を唱えたい。

「あきらめる」ことは強さである、と。

そして、「あきらめる」の数だけ間違いなく人生は豊かになっていくのだ、と。

逆に、「あきらめない」という行為は、もっと慎重になって行なわれるべきである。

この本では、そんな「あきらめる」と「あきらめない」について考えを深めていく。

これは、とてもとても大切な話である。誰もが一度は考えておいたほうがよい、考え続けていたほうがよい、それほど人生全体に影響を与える重要な話である。

よく、「あきらめなければ夢は叶う」といった甘い戯言《ざれごと》があるだろう。これは完全なウソだ。**あきらめない分だけ、夢は叶わない。それどころか、あきらめなかったせいで、小さな目的ですら達成できずに終わるのがオチだ。残るのは、ただ「あきらめなかった」という事実だけ。**

そうなれば、あとにできることは、「頑張ったで賞」をおうちに持って帰り、お母さんになでられながら「えらいね」と慰《なぐさ》めてもらうことくらいである。

本当にそれでいいのだろうか？

もしも「それでいい」のだとしたら、そんなお前はただ「あきらめない自分」に酔《よ》いたかっただけなのである。人生の中で本当にあきらめたくないものを、あきらめなかったわけではない。あきらめない姿勢を誰かに褒《ほ》められたかっただけである。

ちなみに、そんな表面的に評価されるだけの「あきらめない人生」は、弊害《へいがい》ばかりで結局お前を幸せにはしてくれない。だから、この本で話そう。「お前が人生で本当にあきらめたくないこと」をあきらめなくてよくするためにはどうすればいいのか、という実益のある話を。

●一番大事なものをあきらめないために、まずは他のものをあきらめろ！

あきらめないためには「あきらめる」必要がある。これは言葉遊びではない。

1つのことをあきらめずに済むようにするには、「それ以外をどれだけ多くあきらめられるか」が重要なのである。

端的に言ってしまおう。いまお前が抱えている「なんとなく欲しいもの100選」のうち、99個をあきらめられたら、残りの1個をほぼ確実に手に入れることができる。

簡単な話である。急なたとえだが、もし「プロゴルファーになりたい」という子どもがいたら、「ゲームしたい」「デートしたい」「友達と遊びたい」といったそれ以外の欲求はあきらめて、全精力をゴルフに集中すれば叶うかもしれない、という英才教育家庭で見かけるあれだ。

もちろん、プロゴルファーレベルの難易度の夢はそれでも叶わないかもしれないが、「しんどくない人生を生きたい」ぐらいの欲求であれば、あきらめ方次第で、現実に叶えることもできるだろう。

ところで、いま「そもそも100個も欲しいものなんてないよ」と考えたお前はマヌケである。**欲しいものには、「いますでに持っている、手放したくないもの」も含まれるのだ。つまり、欲しいものをあきらめるとは、「いま手にしているものすらあきらめる」ことだ。**

これには、おいしい食事をあきらめる。広い部屋をあきらめる。学歴をあきらめる。年収をあきらめる。恋人をあきらめる。家族をあきらめる。休みをあきらめる。温泉をあきらめる。海外旅行をあきらめる。友達をあきらめる……といったものも当然含まれる。

こうして考えていくと、人はどれだけ多くのものを無自覚に「あきらめない」でいることか。

そしてその「あきらめない」がどれだけ無自覚に自分を追い詰めているのか。

欲しいものがないのではない。すでに持っているから、欲しがっていると自覚していないし、手放せないだけなのである。

お前は本当のところ、何を「あきらめたくない」のだろう。それを理解できているなら、いまから一旦それ以外のすべてをあきらめてしまえばよい。人間の形であることすらあきらめてしまえば、お前はどんな姿であれ、目的を達成できる。鉄仮面《てっかめん》に魂《たましい》を売ってヴァンパイアになる覚悟まであれば、永遠の命ですら手に入るかもしれない。

「あきらめる」とは、一番大事なものをあきらめないことである。そして、それは強さだ。反対に、ただ無策に「あきらめない」のは愚《おろ》かでしかない。

自分の人生で欲しいものをあきらめないためには、先に「あきらめる」をやる必要がある。なぜなら、人は「実は自分にとってそんなにいらないもの」にコストをかけすぎているからだ。

だからそれを見極めて、1つずつ、着実に、一歩一歩、あきらめていけば、人生から嫌なことは減らせるのだ。

● 自分のキャパを客観的に見つめろ

もしかすると、いまお前は自分自身の「あきらめたくないもの」を理解していないかもしれない。そうだろう。ほとんどの人は、自分を理解しない段階のまま生涯を終えるのだから。

何もお前だけではない。仕方のないことである。

では、どうすれば「あきらめたくないこと」を見つけられるのだろうか。

答えは簡単だ。

そこでもやはり「あきらめる」ということなのだ。

1つひとつ、「自分がなぜだか固執《こしつ》しているもの」を見つけ、それを精査しながら、あきらめていく。 ちょうど部屋の掃除をするような感覚だ。

自分の部屋になぜか置いてあるスピーカー、テレビ、パソコン、タンス、冷蔵庫……1つひとつ「これは本当に必要なのだろうか」と問い詰めていく。優先順位をつけてみる。

そして、とにかく1位以外を一旦すべて捨ててしまうのだ!

人によって、人生における部屋の大きさ（=人としての能力、キャパ）は違う。

であれば、当然置くことができる家具の総量（=実現できることの数）も違う。

確かに、広い部屋を持って生まれた人間は、そこまで大規模に「あきらめる」をやらなくても、うまくいったりする。それこそ、「キラキラの学園生活をし、かわいい彼女とヤリまくり、甲子園にすら出場して、東大に入り、起業して大成功し……」というような人間は、いつの時代にも数人は現われる。

だが、彼らとお前とでは現実が違うのだ。ここでいう「部屋の大きさ」が。

持って生まれた部屋の大きさが違う。抗《あらが》えない。

だからこそ、お前は「あきらめる」をしなければならない。人生の限られたスペースに、どうしても置きたいものを選択し、そこに集中しなければならないのである。

「あきらめなければ夢は叶う」といったクソ戯言は、つまり「自分の部屋を大きくしたらいいんだよ☆」とほざいているだけである。

そんなことは不可能だ。もしそれが簡単にできるなら、世の中の人はみんな夢が叶っていなければいけない。でも、そんなことがほぼ起きていないことは、大多数の人が経験済みだろう。

資本主義の構造的に、誰しもが極端に部屋を大きくすることなど不可能なのだ。ランキングバトルで上位になったものだけが、ごく限られた時間において保証をされる程度である。

そして、そのランキングバトルには先程挙げた「生まれつきすべてを手に入れたような人間」も参加する。抗えない！

とにかく「部屋を広くする」という選択肢は、誰しもが目指すべきものではない。

というか、それが可能だったらそもそもお前はここにはいない。こんな文章など読まずに、正攻法で資本主義ゲームに取り組んでいるはずなのだ。

●あきらめられたやつは、どんな状況でも幸せでいられる

ここまでの話をまとめれば、原理はこうだ。

お前が住める部屋の大きさは、どれだけ努力したって外部からの影響や、初期のステータスによって大きく左右される。それは一人の人間には抗いようのないものだ。

つまり、「10畳の部屋がなければ家具を置ききれなくて……、いまはなんとか必死に働いて10畳に住んでいます」という人間は、病気になったりメンタルがやられたりして経済状況が悪化すれば、すぐに「豊かでなくなる」。

10畳分の部屋のキャパは本来お前にないのだから、10畳分の給料がもらえるしんどい労働はお前には負荷が大きすぎる。しかもそのしんどい労働が続かなくなれば、なまじ一度手に入れてしまった10畳分の家具を強制的に「あきらめる」必要が出てくるのだから、ストレスが生じるのは当然なのだ。

だが、必要なものをあらかじめ削《そ》ぎ落とした（つまり「あきらめられた」）お前は、経済状況がどうなろうと、ほんの少しのスペースがあれば、お前なりに「豊かである」ことができる。

先にあきらめて整理を済ませていれば、お前が「本当にあきらめたくない」限られたいくつかを、「あきらめない」で済むからだ。

あきらめないために「あきらめる」とは、つまりこういうことなのである。

お前がどんなに才能がなかろうと、何者でもなかろうとも、もしも99個の欲しいものをあきらめることができたなら、お前は一番大事なものをあきらめないで済むだろう。

それは家族でもいい。自分だけの時間でもいい。いつでも温泉に入ることができる環境でもいい。好きな車に乗ることだっていい。**1つなら、お前にだって実現できる。実現できないのなら、その理由はただお前が他のものを「あきらめられていない」からなのだ。**

魂を捧《ささ》げ、妖怪《ようかい》になることができれば、お前は必ず目標を達成できるはずだ。

●欲しいものは、余裕ができてから増やせばいい

とはいえ、僕の推奨する「あきらめ戦略」は、全部あきらめて1つにすることだけがすべてではない。小さな冷蔵庫、小さなテレビ、小さな犬、お金のかからない恋人、たまに許される数千円台の外食、年に数回の国内旅行……そうやって、いくつかの小さな「あきらめたくないもの」を握りしめて生きていくこともまた、「豊かなこと」である。

これも、部屋の大きさが4畳半もあれば充分に達成できる。

とにかく、自分の持って生まれた部屋の大きさをまず知り、先にその部屋に収まる大きさまで「あきらめたくないもの」の総量を圧縮することが重要なのだ。

もちろん、こうして「あきらめる」を徹底して、やっとたどりついた先で「あ、実は自分の部屋はもうちょい広かったみたいだ」などと気づくこともある。

働くことも、自分のお金でメシを食うことも、自分の部屋を持つこともあきらめて「プロ奢ラレヤー」をしていた僕も、最近は家に住み始めた。猫も飼ってみた。冷蔵庫も置いてみた。炊飯器も置いた。まだ、持つ余裕がある気もする。

こうやって、あきらめすぎていたことにあとで気づくこともあるが、そのときは試しながら調整していけばいいのだ。

こういう、あきらめながら自分の部屋の大きさを再度チェックしていくのは、幼稚園の頃によくやる泥団子《どろだんご》を作る作業に似ているかもしれない。

濡《ぬ》れた土に砂をかけて、丸めながら砂を落とす。また砂をかけて、砂を落とす。かけて、落とす。一見ムダに見えるその作業が、泥団子に光沢を与え、強固なものに変える。

それと同じである。「あきらめる」を徹底したあとで、もう一度試してみる。また捨てる。試して、捨てる。それを繰り返すうちに、丈夫で小さな、キラキラとした球体ができあがっていく。人生の大きな流れというのも、大方そんなところだ。

とにかくいまは「あきらめる」を試してみよう。これが第一歩だ。そのあとのことはそのあとに考えればよい。惑《まど》わされるな。自分の才能を過大評価するな。

お前には3畳の部屋しかないと思え。まずはそこに収まるくらいに、荷物をまとめてみろ。できるはず。いまはそんな気がしないかもしれないが、ちょっとずつでいい。ちょっとずつあきらめて、いつかすべての荷物を3畳に置けるくらいに身軽になれればまずは大成功。

そこから始めれば、人生はしんどくなんてなりようがない。

「あきらめたくないものを、あきらめない人生」は、連続的な「あきらめる」でお前が獲得するのだ！

第1章

なぜ、
あきらめると
人生得するのか

「あきらめる」は未来への投資

最初に長々と「あきらめ戦略」に関する概念を書きましたが、この本では「人生をもっとゆるく、豊かに、ラクに楽しむには、実は『あきらめる』が最強コマンドなんじゃね？」「じゃあ、その『あきらめる』を実践するには……」という話をしていきたいと思っています。

ちなみに、先に言っておくと「いまの人生に不満はない！　俺の生き方サイコー！」と思ってる人は、別にこの本を読む必要はありません。立ち読みしている人はすぐに本棚へ戻して、勢いで買っちゃった人はさっさとメルカリにでも売っちゃってください。

逆に、「デフォルトの生き方に満足できない」「毎日通勤とか正直しんどい……」。でも、「努力！　挑戦！　成功！」みたいな、意識の高い人生マニュアルを読むのもきつい。疲れる。結局できないし……。そういう人にとって「あきらめる」というコマンドは、最強かつ無敵です。

そもそも「あきらめる」というフレーズに、みなさんはどんな印象を持っているでしょうか。

まあ、なんとなく一般的には「我慢」「負け」「後退」のようなネガティブイメージがついている人がほとんどだと思います。

でも僕の言う「あきらめる」は、どちらかというと「諦念《ていねん》」に近い感覚。諦念をググると「道理を悟《さと》る心、真理を傍観《ぼうかん》する心」と出てきます。

つまり、僕の言う「あきらめる」というのは、自分の人生の傍観者になること。

「もっとラクに生きてぇ〜」「もうちょい好きなように生きてぇ〜」というときに、客観視していかにうまく自分をあきらめられるかどうかで、これからの人生がすごくしんどいものになったり、意外と軽いものになったりするんです。

ちなみにこれも先に言っておくと、この本を読んでいきなり仕事で成功して年収が上がることはありません。キラキラした誰もが憧《あこが》れるような夢が叶うこともたぶんありません。

ただこの本をきっかけに、あなたにとってほどほどに心地よくて、しんどくない人生を始めることはできるでしょう。

人生はポーカーと同じでトータルでの勝負だと思ってる僕は、人生という長期戦において、「あきらめる」というのは賢い方法だと確信しています。

しかし、そもそもの選択肢として「あきらめるなんて愚行《ぐこう》だ！」と思っている人には何も響《ひび》かないかもしれない。まあそういう人に限って、どこかでパンクしちゃったりするので、戦略的に「あきらめる」方法を知っておいたほうがいいんですけどね。

厳しい受験勉強とか、就活とか、社会に出たあとの出世バトルとか（僕は「社会」をやっていないので正直あまり知ったようなことは言えないが）、**人生を生きるうえでしんどい状態にあるときというのは、だいたいの人が「あきらめない」からしんどいわけです。**

いい大学に入れた↓じゃあ次は周りに自慢できるような一流企業だ↓社会人になったらさらに上を目指して↓結婚して↓立派なマイホーム買って↓子どもも一人前に育てて……って、全部のクエストをまともにこなさなきゃいけない人生ゲームは、正直ハードモードすぎます。

そういう生活で病んで自殺しちゃったりしたら、それこそもったいない。

もちろん、ハードモードが生きるモチベーションになる人は、好きに続けてもらえればいいんですけど、「なぜだかわからないけど、正直人生しんどいなー」と感じてる人は、その生き方が合ってないので、どんどん「あきらめる」を自分に許可したほうがいいのです。

日本には「あきらめない」を美学とする生き方が根づいているし、それを否定するつもりはまったくありません。負けないこと、逃げ出さないこと、投げ出さないことは確かにかっこいい。できるやつはすごい。毎日満員電車乗れるとかえらい。好きなことで成功して金持ちを目指すやつもすごい。

でもそんな「努力して、粘《ねば》って粘って、輝かしい未来をつかもうよ！」っていう雰囲気が社会にはまだまだあって、だから苦しい人が多くなってる。

それは「あきらめる」＝負け、だと勝手に思い込んでるから。

でも本当は、そんな生きにくい現代社会の中で、「あきらめる」というコマンドを1つ用意しておけるだけで、これからの人生って圧倒的に生きやすくなります。

「あきらめる」を意識的に選択できることが、しんどくない未来への投資になるわけです。

あなたの人生がしんどい理由

「あきらめる」のメリットを理解してもらううえで、まず「なぜ、あなたは生きることがしんどくなってしまうのか」について説明しておく必要があります。

そもそもこの本を読んでいる、いま人生がしんどい人は、なぜいま自分が「しんどい」状態にあるのか気づいていますか？

結構、自分自身でも理由がわからないうちに、しんどさのスパイラルにはまって、なぜなのかもわからないまま抜け出せなくなってる人が多いように感じます。

でも、人生がしんどくなる理由って実は明確です。

それは、いろいろと欲しがりすぎているから。

いい学校に入りたい、いい会社に入りたい、いい家に住みたい、おいしいものが食べたい、いい旅館に泊まりたい、イケメンと付き合いたい、スマホを新しくしたい……といったポジティブ目線な欲しいものから、いま住んでる家のグレードは落とせない、貧乏くさいメシは食えない、親が喜んでくれる仕事をしなきゃいけない、友達に引けを取らない一流企業に入らなきゃいけない、ファッションに興味ないけど恥ずかしくない服を着なきゃいけない……みたいなネガティブ目線な失いたくないものまで。

あれもこれも欲しがるからお金がかかるし、「ボロい家に住んだら恥ずかしい」とか「美人の彼女に捨てられないためにも、一流の外資系企業に勤め続けなきゃ」みたいなプライドがあるから、「会社行くのつらいな〜」みたいな少々の無理があったとしても、そういったコストのかかるものを手放せない。

つまり、さっきの「人生がしんどくなってしまう理由」をもっと具体的に言うと、その根本原因は「お金と見栄をあきらめられないから」なのです。

「なんだよ、そんなことわかってるし！」と思った人もいるかもしれませんが、もしその事実に気づいていたとしても、変わらずしんどい人生を続けているなら、結局それはわかってないのと一緒です。

じゃあ、人生をしんどくさせる「お金」と「見栄」って何なのでしょうか？

次でもう少し深掘りして説明します。

自己理解が甘いと、ムダ金が増大する

まず、ここでは「お金」について。

人間にはざっくり分けて、「やりたいこと」と「やりたくないこと」がありますよね。

僕だったら、「キンキンに冷えた麦茶を飲みながらゆっくり風呂に入る」はやりたいことで、「満員電車に乗って毎日どこかへ出かける」はやりたくないこと、みたいな。僕の場合、その辺のことは自分の中で明確になっています。

でも人生がしんどい人というのは、大抵この自分自身が「やりたいこと」と「やりたくないこと」の境界線が曖昧《あいまい》でぼんやりしています。

そしてそういう曖昧な人はどうなるかというと、生きていくのに余分にお金がかかるのです。

というのも、自分が本当に欲しいものだったり、今後何を避けて生きればいいのかだったりがわからないとなると、ものもお金も余分に見積もって備えておかないといけなくなるから。

たとえば、ゲームでボス戦を控えてるときって、最初は相手の強さがわからないから、とにかく多めにキズ薬とか用意しますよね。どんな技を繰り出してくるかも未知だし、毒消しも薬草もとりあえずいっぱい備えておくに越したことはない、と思うはずです。

しかも「もしも何かあったら……」という不安はそうそう消えないので、「あとで余ってもいいから、とにかくたくさん持っておきたい」と、準備コストは青天井化していきます。

一方で、これが一度戦ったことがあって対戦相手が明確であれば、最低限の装備でも「まあ、このぐらいで勝てるっしょ」と適切な対策を練ることができます。

つまり、自分が向き合うべきものの正体がはっきりわかっているかどうかによって、装備が過剰に必要になるか、最低限でも済むのか、大きく変わってくるわけです。

人生における「やりたいこと」「やりたくないこと」がぼんやりしている人は、このボスの正体がわからないまま人生をプレイし続けているのと一緒です。

だからこそ勝手に不安を増幅させて、余計な準備ばかりしてしまう。

本当は月20万円あれば自分的には困らない生活ができるのに、少ない収入じゃなんとなく先々が不安だからと、月給40万円の精神的負荷の大きい労働をしてはわざわざしんどくなってみたり、それで稼いだお金で本当は必要のないものを「いつか使うかも……」と買い込んで出費がかさむわけです。

自分自身が求めるものが曖昧なばっかりに、こうやってたくさん保険を用意しないといけない人生は、無限にお金がかかります。

無限にお金がかかるということは、その代償に無限に働いて稼がなければいけません。

結局、あきらめないからムダ金がかかって「しんどい」のです。

「あきらめられない」理由は、だいたい見栄

人生がしんどい理由のもう1つは「見栄」です。

どちらかというと、こっちのほうがお金より厄介《やっかい》です。

そもそも見栄って何なのかっていうと、「ないものをあるように見せること」。自分は実は持ってないのに、あるように見せたい気持ちのことです。

人間って不思議なもので、自分にとって「ない」ものほど、他人には「ある」ように見せたがったりするんですよね。童貞のやつほど「は？　童貞じゃねーし！」って強がるのと一緒。

見栄というのは傍《はた》から見てる分にはウケるけど、見栄を張ってる本人からしたら結構しんどいものがあります。

見栄には「人からこう思われたい」「評価されたい」という意識が含まれていて、これって

状況や相手によっても条件が変わるし、どんどん増幅するものだから際限がないんですよ。

たとえば、実際に持っているものを、持っているように振る舞うことに、コストは一切かかりません。もともと豪邸に住んでいるなら、豪邸に住んでいるように見せるコストは0です。

でも本当はボロ家住まいなのに豪邸に住んでいるように振る舞うなら、きっといろんな準備やウソやお金が必要ですよね。

だから、「自分は何に見栄を張っているんだ？」ということを理解してその見栄を減らしておかないと、いつまでたっても見栄を張るための不必要なコストの発生は続くし、そのコストを払うために必要なしんどい労働は圧縮できないわけです。

「見栄」ってこうやってめちゃくちゃお金がかかるんです。


さらにいえば、この「見栄」の手強さは、新型コロナウイルスにも似ています。

インフルエンザと違って、新型コロナウイルスの厄介なところは、感染しているかどうかすぐにはわからないところ。感染した宿主の自覚がないまま潜伏し続けるところです。

それと同じで、見栄は感染していることを宿主に悟らせない。見栄を張っている人に限って

「別に見栄じゃねーし！」って言うのは、実際、本当に見栄を張っている自覚のない人がほとんどだからだと思います。

そうなると、見栄を治療することは一層難しい。知らない間にあなたも「見栄」に蝕《むしば》まれている可能性があるわけです。

でも、そもそも人間って、なんでそんなに他人に評価されたい生き物なんですかね。

その答えはシンプルで、「自分で自分を評価できない」から。

学歴がない人が、ネットで高学歴な人として振る舞っているとしましょう。プロフィール欄に「東大卒」って堂々と書いている高卒は、なぜ「ない学歴をあるように偽《いつわ》ってしまうのか？」というと「東大卒の人を一番評価する」自分がいるから。

見栄っていうのは、本人の「こうすれば他者から評価されるだろう」の塊《かたまり》なのです。

そのうえ、この「他人に評価してもらって、自分の価値を確認して、安心する」という行為には大きなリスクがあります。

他人に評価されるために自分を偽ると、「他人には評価されるけど、自分では何が良いのかわからない」という状態が当たり前になって、他者の基準にどんどん依存してしまうのです。

そうなったら、そこに自分の価値判断は一切ありません。「人がどう思うか」がすべて。人が評価してくれたら良いものだし、評価しないものは悪いもの、になっていきます。

本来であれば、人がどう思うかなんて気にせず、「自分が面白い」と感じた自分、作品、持ちもの、仕事、価値観だけで生きていければそれでいいはず。

でも見栄に伴うこの他者評価に侵食されてしまうと、「これじゃ評価されないかも」「この仕事だとダサいと思われそう」「これだったらもっとフォロワーに喜ばれるかも」という自分以外の基準で生きることになるので、必然的にしんどい形でコストも上がり続けるのです。

つまり、だからこそ「曖昧な不安を解消するためのお金」も「他者からよく思われたいがための見栄」もあきらめてしまうのがおすすめ。それで人生のしんどさの大半は無くなります。

「誰に理解されなくても、自分さえ価値をわかっていればいい」という「あきらめ」は、人生のしんどさを回避してくれる効果があるのです。

基本、人は変われないと気づけ

僕が「人生がしんどくなる理由」に加えて、次に言っておかないといけないこと——それは**「人は後天的に頑張ったところで、それほど劇的には能力が上がらない」**ということです。

というのも、どうあがいたところで、生まれながらに体格・財力・能力・容姿等々に恵まれた超人と、それらを持たない凡人との差は厳然としてあります。

プロローグでも話しましたが、**人によって人生における部屋の大きさ**（**＝人としての能力、キャパ**）**は違うし、置くことができる家具の総量**（**＝実現できる欲求の数**）**も違うわけです。**

当然ですけど、部屋の広さ（能力）が4畳半分しかない人が、10畳分の家具（欲求）を置こうとしても無理ですよね。

受験勉強にしろ、資格取得にしろ、昇級試験にしろ、仕事の達成にしろ、4畳半しかキャパがない人が「お金」と「見栄」のために10畳分のことをしようとするのは不幸でしかない。絶対にどこかでひずみが生じます。部屋に入りきらない家具に押しつぶされて息ができなくなるのがオチでしょう。

でも、それでも「やればできる！」「お前の4畳半の部屋は10畳にできる！」「だから10畳分の欲求も実現できる！」と盛んに言ってくるのが一般的な世の中なのです。

果たしてそうでしょうか？

僕が思うに、自分の4畳半の部屋を10畳にリフォームするなんて、現実的にはほぼ成功しません。もしそれが簡単にできるなら、ビジネススキルや自己啓発を謳《うた》うようなセミナーに参加した人は、みんな事業で成功していないといけないし、心理学を学んだ人は誰しもが感情をコントロールできないといけない。

でも現実がそんなにうまくいっていないことは、ある程度人生経験があればわかるでしょう。

つまり、資本主義の構造上、誰しもが極端に部屋を大きくすることなど不可能なのです。

だから部屋を大きくしてお金や見栄をゲットできるのは、「ランキングバトルで上位になった一握りの努力好きな猛者《もさ》たち」と、さっき挙げた「生まれつきすべてを手に入れたような人間」だけに与えられた特権だと早々に割り切ってしまったほうが、自分を責めたり、誰かに責められたりせずに、よほど苦しまなくて済むようになれるでしょう。

とにかく「部屋を広くする」という選択肢は、誰しもが目指すべきものではありません。だから僕は夢を叶えて成功しようみたいな風潮に乗ることを推奨はしない（個人の自由ではあるけど）。身の丈《たけ》に合った生き方を目指せばいいと思うわけです。

「いつか自分は変われる」などという幻想を持つことは、自分というものに対して、ずいぶん期待が過ぎるな、と思います。逆に「変われる」という考えそのもののほうが、甘えなのかもしれません。

でもだからこそ、開き直ってお金と見栄を「あきらめる」ことは、実は何よりも強い。

「あきらめる」とは変化への安易な期待を捨てることであり、変わらない自分を受け入れつつ、それでもなお前進していくことなのです。

特別な「何者か」になろうとしなくていい

「基本、人は変われない」と言いましたが、ある種その逆を行くものとして、特に若い世代で人生しんどそうな人は、壮大な「何者か」を目指そうとしすぎているように感じます。

「好きなことで稼いで成功しなきゃ」「死ぬほど熱狂して取り組まなきゃ」「平凡な自分は生きる価値がない」みたいに思いすぎているというか。だから理想と現実のギャップで苦しむ。

これも要するに、「お金とか見栄をあきらめられない」の中に含まれるんですよね。無自覚なのかもしれないけど、結局そこには世間に評価されたい、いい暮らしがしたいみたいなのがあるわけで（もちろん、お金と見栄に生きたい人は、それでOKなんですけど）。

でも、そんな大金や世間的評価を得られるのは、さっきも言いましたが、ランキングバトルを勝ち抜いた者や生まれながらの圧倒的実力者だけ。厳しい現実ですがその他大勢にはハードルがかなり高いわけです。

ただ、僕は思うんですけど、「何者か」を目指して自分の能力じゃできないものに手を出して、わざわざ疲弊《ひへい》しにいかなくても、その他大勢的な人生でほどほどに楽しむのでよくないですかね？　僕ならむしろそっちがいい。

歴史を振り返れば、表舞台に登場するのは権力者や有名人の話ばかりだけど、その陰には名もなき民衆がいっぱいいます。彼らは別に高望みはしない。足ることを知って、自分の階級の中でそれなりの楽しみを見つけて毎日を生きていたはずです。

ここでも部屋と家具のたとえをまた出しますが、自分のキャパが4畳半分しかないなら、10畳になることを目指すんじゃなくて、4畳半のキャパに合わせた楽しみ方を見つけるほうが、人生は豊かだと思うのです。

たとえば、あなたがアニメ好きで、周囲の友人と比べて格段にアニメに詳しかったとします。とはいえ、その「アニメ好き」という個性を活かしたからといって、いきなりアニメ解説のYouTuberになって稼いだり、アニメのまとめサイト運営で儲《もう》けようとしても大概の人はうまくいきません。ネットの有象無象《うぞうむぞう》の中ではたかが知れているレベルだし、あなたよりアニメに詳しい人なんて腐《くさ》るほどいて、埋《う》もれてしまうから。広い世界でのトップ＝「何者か」になるのは難易度が高いわけです。

でも、もし本当にただただアニメが好きなら、それで成功して稼げなかったとしても、無意識のうちにアニメを考察しちゃってたり、まとめサイト作っちゃったりすると思うんですよね。で、それこそが「何者か」になろうとしたり、「何者か」で居続けようとすることよりも、豊かな状態だと思うわけです。

実際、僕に奢りに来た人の中でも「餃子《ぎょうざ》を焼くことが無上の喜び」っていう女性がいて「餃子の店を出してそれで稼がなきゃいけないかな……」と悩んでたんですけど、「餃子で稼ごうと思わずに、ラクなバイトで生活費と餃子の材料費稼いで、家で好きなだけ餃子焼けばよくね？」って言ったら、スッキリした顔をして帰っていきました。

いまは餃子ニートになって、生活に困らない程度に稼いで幸せに餃子に狂ってるみたいです。

だから、無理に「何者か」になろうとして、自分を脅迫《きょうはく》し続けなくていいのです。

結局どれだけ目標を大きく持っても、その人にはその人なりのキャパがあります。

いまあなたがいる場所は、自分にとっての適切な数字であり、適切な居場所に他ならない。

「なんでこの俺がこんなしょぼいポジションに……」なんて思っている人は、ただ自分を過大評価しているだけです。

もちろんメジャーデビューできた人は「儲かってサイコー！」と思っているかもしれない。でも、実は「メジャーのストレスえぐい」って苦しんでるかもしれない。派手な活躍をして、お金も名誉も手に入れている人が、幸せで豊かだとは限らないわけです。

一方で、少なくとも現時点のあなたは、インディーズなりの楽しみを享受《きょうじゅ》することはできますよね？　実はそのほうが幸せかもしれない。

大社会から距離をとって生きることで、目の前の小社会から安息を手に入れることはできます。これは、誰もが得られる「あきらめ」によるメリットなのです。

生きていくだけのお金なら、高校生でも稼げる

「お金」と「見栄」に踊らされないほうがいい、人は基本的に簡単には変われない、特別な「何者か」を目指すのもしんどいバトルが待ってる——ここまでのそんな話を聞いて「いまの自分の状況がしんどいから、好きなように生きたいと思ってプロ奢ラレヤーの本を買ったのに、結局あきらめていまの状況を続けろってこと？」と感じた人もいるかもしれません。

でもその答えは否です。

僕が思うに、人生は「やりたいことをやれない人生」よりも「やりたくないことをやらざるを得ない人生」のほうがしんどいと思います。だから、しんどいことやできないことはやっぱりカットしたほうがいい。会社員がどうにもつらいなら、会社をやめたほうがいい。

「でも、それだと生きていけないんですけど……」と思う人は、この先の第2章以降を参考に、いろいろ自分の中で精査して自己理解を高めつつ、絶対にあきらめたくないもの以外はあきら

めたらどうですか、という話なわけです。

月給40万円のいまの勤めはもうやめたいけれど、家賃13万円のいまの賃貸は手放したくない、これは無理ですよね。「生活レベルを落とせない」が人生で一番大事なことなら、やっぱりそれに足る労働をするしかないし、「働かない人生」が一番欲しいなら生活費を落とせばいい。

だからこそ、自分が人生で本当にあきらめたくないものと、それほど大事でない些末《さまつ》な欲求とを選別して、些末な欲求を積極的にあきらめることが必要になるわけです。

一度、自分自身でも考えてみてください。

そりゃ人間は、ボロくて3畳のアパートとタワマンだったら、みんなタワマンのほうが住みたいものです。でも、本当にタワマンの広さと設備がないと生きていけないですか？ いまのは極端な比較ですけど、何も高級品だけじゃなく、小さなことから常識的に必要だと思い込んでいるものまで、すべてにおいて本当にいるのかを精査したほうがいいわけです。

そのうえで、僕の基本姿勢としては少しでも衣食住の固定費を下げることが「しんどくない人生」への近道だと思っています。

というのも、固定費が下がれば来月の引き落としとかに怯《おび》えて働かなくていいから。たくさん稼ぐ必要がなくなるので、人生は一気に難易度の低いぬるゲー化するのです。

都心に住む必要がないなら家賃の安い地域に行けばいいし、地方とかの空き家に運よく住まわせてもらえるなら家賃はかからなくなるし、食事にこだわらないなら食費も圧縮できるし、服もGUとかで安くてもの持ちのいいやつを買えばそれ以降はほとんどかからない。

実際、僕は奢られる（食事の質にこだわらない、知らない人と会うことが苦痛じゃない）ことで食費（一時期は家賃も）を圧縮できていたので、働く必要さえなくなりました。

自分の欲しいものが明確な人ほど、人生のラクな抜け道を進むことができるのです。

いまどきはバイトの最低賃金だって一番低い県でも790円はあります。

その気になれば高校生だって、1日6時間・週4勤務とかで1カ月に7万円台は稼げますよね。都内なら最低賃金は1000円超だから10万円弱にはなる。ちょっと探せば誰だって自分にとっての労働負荷がかからない稼ぎ方を見つけられるはずです。

それにボロアパートでもよければ、都心でも3万円以下の部屋だってあります。別に僕みたいに固定費を完全に0まで下げなくても、**ちょっと冷静になって考えてミニマムに圧縮できれば、高校生のバイト代程度でもなんとか生きていける。これ、すごい気がラクになりませんか?**

もちろんそのためには、贅沢《ぜいたく》はできないし、お金のかかる恋人や結婚とかも厳しいかもしれない。でも、もしそこが人生の中であきらめられる人なら、バイト日の残りの18時間×4日分+バイトのない丸3日分は、それこそお金にならないアニメのまとめサイト作りのような好きなことに没頭してたっていい。さっきの餃子ニートなんてまさにそれ。

僕が思うに、みんな余裕ができてから欲求を増やせばいいのに、あきらめない人が多いから、人生序盤からコストがかさんで無自覚のうちに人生をハードゲー化しちゃってるんですよね。

結局人は、「しんどいことで稼がなきゃいけない」と思うから苦しくなります。

でも本当は自分さえ許可を出せれば、自分にとって負担にならない労働強度の中でささやかに稼ぎながら、他の時間を全部好きなことに費やしたり、ただただゴロゴロしたり、自分に正直に生きる人生で別にOKなのです。

さあ、夢いっぱいの人生をあきらめよう！

ここまで読んできて、「あきらめるって夢も希望もないな」と思った人もいるかもしれません。

確かに僕自身も、尿意とともに昼寝から目を覚ます、猫をなでてトイレに駆け込む、「今日は何をしたんだっけ？」そんなことを思いながら歯を磨く……不思議とこういう瞬間には、一瞬だけ「焦燥感《しょうそうかん》」みたいなものが訪れることがあります。

動物でさえ獲物を狩るわけで、労働をせずにただ人生の終わりに近づいていくという行為は、おそらく生まれながらに人間に仕込まれたプログラミング的にはマズいことなんでしょう。

ただ、実際そんな感覚もすぐに収まります。それは僕がそんな人生をあきらめていて、それを許しているから。

「今日も死ななくて、えらい」と僕はよく唱えます。日本で生活している限り、あらゆる不慮

の場合（災害とか事故とか）を除いて、なかなかゲームオーバーになることはありません。

やめたらどうなっちゃうんだろう……とぼんやり不安を抱くからみんな我慢の人生を送ることになるけど、現実には大学をやめても、失業しても、家を失っても、最終的には国のセーフティネットがあります。

だから僕らは、「もし〜になったら」「老後が〜」なんて無限の失敗リスクに怯えるよりも、「とりあえず、死んじゃうかもしれないゲームオーバーだけは避けよう」と肝に銘じておくぐらいでいいと思います。

実際、心配のあまり理想の人生シナリオを綿密に作りすぎると、初期のシナリオと比較して、きっと想定以上の「あきらめる」が生じます。

目標や計画を立てることがモチベーションになる人もいるけど、常に身の丈以上の高いハードルを掲げなきゃいけないのはかなりしんどい。**自分で自分を追い立てて作った目標に、首を絞められている人も現実に少なくないでしょう。**本当に首を吊《つ》る人だっています。

だから考え方を変えましょう。

別に人生には目標も締め切りもいらない。

人生の価値基準の中からお金と見栄を外すだけで、追い立てられるような毎日から脱出できるのです。

いままでは、人の目を気にして自分で自分を責めていたかもしれません。

もしくは、家族や恋人や不特定多数の正義中毒の人から「そんな生き方でいいのか」と言われていたかもしれません。

でも本当は、目が覚めたらもう日が暮れていて、特に生産的なことを何もできずに1日が終わってしまったとしても、「まあ、いっか」と思える心さえあれば、実はそれだけで穏やかな毎日を生きていけるんです。

それはあきらめずに抗う人生よりも、イージーでハッピーだったりします。

もちろん、それでもあたふたしてしまうときもあります。

でもそんなときは、すべて低気圧のせいだ、体調のせいだ、コロナのせいだ、「たぶん、みんなだって同じだ」と考えてみる。自分の人生を許すと、他人にも優しくなれます。

「今日も死ななくて、えらい」のだから、わざわざしんどい生き方に自分から飛び込まなくていい。上手にあきらめて楽しむだけでも、人生は意外と成り立つのです。

ということで、この章では「あきらめたら、救われてラクになるよ」という考え方について説明をしてきました。

次章では、些末な欲求をあきらめてコストを減らしていくための前提段階として、「自分は何をあきらめたくないのか」を見つける方法をお伝えしたいと思います。

曖昧な自己理解を明確にして「あきらめられないもの」に気づくことで、お金や見栄に踊らされずに済むようになるでしょう。

第2章

あきらめたくないものに気づくための9ステップ

ステップ1　欲しいものリストを作る

前章を読んで、「あきらめるって結構いいこともあるんだ」と、なんとなく思ってもらえたんじゃないかと思います。「思えなかった」「あきらめるってやっぱ負け感が強いわ」という人は、別にそう感じたままでも大丈夫。

ここからは、しんどさの根源になっていく些末な欲求たちをあきらめていくために、本当の意味で「自分があきらめられないもの」を見つける方法を僕なりに提示していくので、できそうかなと思ってもらえたら、やってみてください。

で、ステップ1ですね。

まずは自分がいま欲しいもの、大切だと思うものを100個、紙に書き出してみてください。

とは言っても、おそらくだいたいの人は自分の欲求に無自覚なので、いきなり10

0個の欲しいものと言われても、羅列《られつ》するのは難しいと思います。

でもそこは神経質になりすぎずに、そこそこ欲しいなと思ったぐらいのものでも書き出してみる。そしてちょっと書き出せたら、なるべく細かなディティールまで記入していく。

たとえば、彼女が欲しいなら、ただ「彼女」じゃなく「どんな彼女」がいいのか。「新居」だったら築年数から場所まで具体的に。

その他にもなりたい職業、やっていきたいこと、読みたい本のタイトル、服は何着欲しいのか、あれが食べたい等々、ものはもちろん、物欲だけじゃないあらゆる自分の中の欲求をとにかく書き出してみてください。

ちなみに、「欲しいものなんてないな〜」という人も、たとえばいま使っているスマホがなくなったら嫌じゃないですか？

前にも言いましたが、**欲求はこれから手に入れたいものだけじゃなく、「いま持っていて手放したくないもの」「こういう状態は嫌だ」というのも含んでいるのです。**

だから、いま住んでる部屋やバッグに入っているものを見直して、「これがなくなったら嫌だな〜」というものや、いまの生活の中で「これを続けるの嫌だ！（だからこれをしなくていい生活が欲しい）」っていうものもリストに入れてみてください。

実際、いままで好きなときに自由に外出できたのに、今日からいきなり「はい自粛《じしゅく》！　ステイホーム！」って言われて苦痛だった人も多いですよね？

僕だってもし大好きなお風呂に入れず、「しばらくシャワーだけな」って言われたら精神が相当やられると思います。だから、生活スタイルなんかも含めてリスト化する。

こうやって、まずは自分の無意識下にある欲求を自覚していくんです。

このように自分の持ち物や習慣、欲求の中から「これ、あったほうがいいなー」と思うものを書き出して改めて眺めてみると、自分の理想の生活が浮かんでくるはずです。

と同時に、欲しいと思っていたけどそれほど優先順位が高くないものが見えたり、逆に絶対に欲しくないもの（やりたくないこと）が見えてきて、「自分は最低限、何をあきらめたくないのか」もおのずと気づいてくるようになるでしょう。

そこまでリスト化できたら、その中で自分が外せないと思う現時点でのナンバーワンを決めてみてください。

それは、あなたの中の100個の大切なものの中で一番守りたいもの。人生において自分がもっとも大事にしている1個。何をあきらめたとしても絶対にあきらめたくないものです。

そして、その「一番大事なもの1つ」だけは絶対に何があってもあきらめないために、残りの99個をあきらめるための戦略を練っていく、というわけなのです。

ステップ2 99個をあきらめる

欲しいものリストを100個書き出したら、それを1個に絞る。そうしたら1個は割と叶う——そう言われても、意味がわからない人が多いでしょう。「その理論ってどういうこと?」と思う人も多いでしょう。なので、ここでその考え方の原理について説明しましょう。

そもそも、プロローグの「『あきらめ』推奨宣言」の中でも登場しましたが、**僕の中での大前提として、「自分がなんとなく欲しいもの100選があったときに99個あきらめたら、大抵1個は手に入る」ものだと思っています。**

ちょっと極論ですけど、1つ例を挙げるとプロローグでも触れた「プロゴルファー」とかがわかりやすいと思うんですよね。

たとえば、小学生の頃の自分がどうしてもプロゴルファーになりたいと思ったとします。

じゃあ、どうしたらプロゴルファーになれる確率を上げられるのかといえば、単純化して考えてみれば、要は「ゴルフに関係ないすべての生活をあきらめちゃう」ことですよね。

よく学校とかほぼ行かずに、英才教育でゴルフの練習させられてる子どもとかいるじゃないですか。勉強とかゲームとか友達付き合いとか恋愛とか全部捨てて、朝から晩までゴルフボールを打つ、みたいな。

実際、特に中国のプロゴルファーの卵とかは、親にそうさせられてるケースが多いみたいですけど、ここまですればプロになれるかもしれない（たぶんなれないけど）。

少なくとも99個あきらめない人よりは、なれる確率が圧倒的に上がります。

要はああいうことを指しています。

もちろん、これは凡人たる僕らにも当てはまる話で、たとえば、僕自身なら「嫌なことはやりたくない」が100個の欲求のうちで一番大事な1個です。

だからその代わり、「いっぱいお金を稼ぐ」とか「うまいものが食いたい」とか「いい場所に住みたい」とか……そういう僕にとって些末だと判断した99個の欲しいものたちはあきらめているわけです（まあ「物欲センサー」〔ゲーム上のガチャとかで、欲しいアイテムほど手に入らないのに、いらなくなると途端に手に入る、という意味のネットスラング〕が働くのか、欲しいと思ってないから逆に手に入っちゃったりするんですけど）。

あとは、「人と話すことが苦じゃない」「奢られることに心理的負担がない」「食にこだわりがない」……的な僕にとってストレスじゃない要素が合わさった結果、一番大事な「嫌なことはやりたくない」が叶って、プロ奢ラレヤーって形に着地していたりします。

もちろん、これもプロローグで言ったとおり、資源（お金、能力、容姿、時間 etc.）が豊かな人なら、99個もあきらめなくても正攻法で願望が叶うかもしれません。でも、僕を含めてこの本にたどり着いた読者は、正攻法じゃ無理だと考えたほうがたぶんうまくいくでしょう。

そんな簡単に能力は上がらないし、お金はそもそもないんだし、イケメンにも美人にもなれないんだから、さっさとあきらめて抜け道を探すしかない。

僕的には、「お金に困らず、ラクに、豊かに」生きられる人とそうじゃない人の違いって、「それほど大事じゃないものをあきらめられる人かどうか」だと思ったりしてます。

ステップ3
無理ゲーはなるべく避ける

ステップ1〜2で欲しいものリストと現時点でのナンバーワンの欲求をひとまず決められたら、次はそれを精査する作業になります。

そしてその最初の精査の基準は、「無理ゲーを自分に強《し》いていないか」というポイントです。

少し自分語りになりますが、そもそも僕がなんでこんな「あきらめ戦略」に行き着いたかというと、僕自身、普通の人が普通にやっていることができないからです。

「満員電車に乗る」とか「時間通りに動く」とか「スケジュールを組む」とか「靴下を履く」とかできません。

よって、こういうものを自分の中で明確化させて、「満員電車に乗らなくていいこと」「時間通りに動かなくていいこと」「靴下を履かなくていいこと」を欲しいものリストの上位に持ってくるしかないし、そもそも自分が現実的にできないことは見切りをつけてあきらめるしかなかったわけです。

でも、このできないことを受け入れるやり方には良い面もあります。

それはさっさと割り切りができているので、できない自分を責めずに済むこと。

たまに「できないことで落ち込んだり、自分のことをダメだなーって責めちゃうんですけど、どうしたらいいですか?」って聞かれたりするけど、そもそも僕は落ち込みません。

自分の中でできないこと、やれないことはもう明確なので、「何でできないんだろう?」「どうして手に入らないんだろう?」なんてウジウジ悩み続けないんですよ。

結局、多くの人が悩みを抱えるときって、その原因としてあるのは「どうにもならないことをどうにかしようとする」という態度だと思うんです。だからこそ、**「どうにもならないよな」「手に入らないもんな」とあきらめをつけられることは、個人の幸福度を高める手段になる。**

いつまでも「なんで、どうして、どうすれば」を自問し続ける「あきらめの悪い人」より、「どうにもならないし、あきらめよう。これは自分の個性だ」と考える人のほうが、トータルでずっと前進できます。

いくら「やりたい」「あきらめたくない」と思うことがあって、それが欲しいもののリストのナンバーワンにきていたとしても、さっきの「プロゴルファーになりたい」と一緒で、それの競争率が高くて自分にとって実現させようがない無理ゲーなら、どうしたって叶わないから、あきらめたくないナンバーワンに据《す》え続けても意味がないわけです。

ちなみに、こういう視点が持てるようになると、早く損切りできるようになるので、「アイドルになる夢を追いかけ続けてお先真っ暗です……」みたいなつらい状態をさっさと切り上げて、ダメージを少なくお得に生きることができます（もちろんどうしてもアイドルを目指したい人は、自分の熱量と能力レベルを照らし合わせてリスク承知で目指す分にはいいと思いますが）。

それこそ、一番の欲求だと思っていたけど実は「何者かになりたい」みたいなある種の見栄だったんだな、と気づくこともできるのです。

ステップ4 「ひらがな」で言ってみる

もし、ここまでのステップで「一番欲しいものが見つかった！」「なりたいものに気づいた！」と思ったり、「自分には無理ゲーな欲求だったー！」と思ったとしても、もしかしたらまだ自分への分析が足りていないかもしれません。

たとえば、いきなりな例ですが、欲しいもののリストを書き出していった結果、「実は教師になりたいんだ！」とあなたが自分の一番の欲求に気づいたとします。そうしたら、その実現のために具体的にあなたはどんなことをするでしょうか？

教師になりたいなら、多くの人は「まず教育学部行って〜、教員免許取って〜、実習受けて〜」と考えるはずです。

もちろん、それはルートとしては正しい。もう限りなく安パイで確実で正解です。でも、それを見ていて、ひねくれた僕はこう考えてしまいます。

「じゃあ、それで教師になったとして本当に欲しいものが手に入るの？」って。

というのも、「教師になりたい！」だけでは自己理解としては圧倒的に弱いからです。

なぜ教師になりたいのか。たとえばそれが「子どもの笑顔が見たいから」という理由だったら、別に保育士でもいいわけだし、極端な話、隣の家の子どもと仲良くなるだけでもいいわけじゃないですか（いまの時代だと通報されちゃうかもしれないけど）。

「公務員として安定したい」が理由なら、市役所職員じゃダメなの？　って話だし、「えらそうに説教する立場になりたい」ならクレーマーおじさんになることでも欲求は叶えられます。

つまり、「教師になりたい」みたいな欲求があると気づいた場合、さらにその奥に潜む自分の真の欲求、なぜなりたいのか、まで見つめることができてはじめて「自己理解」なのです。

プロ野球選手とかYouTuberをなんとなく目指している小学生は、本当に欲しいものはもしかしたら「なんかかっこいいと思われることがしたい」かもしれない。

「東大に入りたい」と思っている高校生だって、本当は「東大に入って、外資系金融マンになって、女子アナと結婚したい」のかもしれない。

でも大多数の人が、大人になってもこの目に見える欲求と潜在的欲求とのギャップをちゃんと理解していないわけです。

だから、欲しいものリスト作りの中で「～になりたい」「～が欲しい」「～したい」というものに直面したら、「自分が欲しいと思っているそれは、本当に自分が手に入れたいものを含んでいるのか？」と突き詰めて考えてみることが大事なのです。

「えらそうにしたい」と思って教師になったとしても、いまのご時世じゃ別にえらそうに生徒に説教なんてできないかもしれないし、「子どもの笑顔が見たい」と思ってたとしても「ごくせん」みたいなクラスに配属されたら生徒の笑顔を見るどころの話じゃないかもしれない。

一般的なイメージや社会的成功だけで行動指針を決めても、思い通りになることはほとんどありません。期待しすぎて実態もよくわからないまま手に入れても、自分が欲しいものを含んでいるとは限らない、というお話なのです。

じゃあ自分の欲求への自己理解をさらに深めるためには、どうするべきか。

そういうときは「ひらがな」で説明してみましょう。

漢字をひらがなに直すみたいな気持ちで、自分のなりたいと思ったものを分解してみる。

そして、それをTwitterと同じ140字で説明してみる。

長すぎてもややこしくなるんで、一番平易な言葉で簡潔に「あなたにとって教師って何だと思う？　140字でひらがなで言ってみよう！」という具合に。

短く説明すればするほど、自分にとって一番大事な部分だけを抜き出した辞書になり、自己理解が進みます。小学3年生の頃の自分でもわかるように、かみ砕《くだ》いて解説してみてください。

結局、人生の問題の何割かは、自分のなりたいものに対して、「どうして？」を深く考えないから発生しています。イメージだけで人生計画を描いているから破綻《はたん》する。

「教師になりたい」なら、まず「教師って何だっけ？」の問いから始めなくてはいけない。

あなたにとって、教師＝「えらそうに怒鳴《どな》れる人」だとしたら、商品買ってコールセンターでクレームつけて怒鳴ってるおじさんになれば大学に通う費用はかからないし、「人に教えられる人」なら塾講師になったって別にいいわけじゃないですか。

それがわかれば、たとえ教師になれなくても、根っこにある本当の欲求の叶え方は見つかる。「プロゴルファー」や「売れっ子アイドル」みたいな無理ゲーな職業になりたい場合も、上手に欲求をスライドできれば、他のことで自分を満足させられるかもしれないわけです。


自分の目的を果たすのに「より低コストでできる代替案はないか」と考えることは、人生の自由度を大きく広げてくれます。


一般的に見たらその代替案は「教師をあきらめた」ように映るかもしれません。でも実は、教師になるよりもはるかに低コストで自分の真の欲求を叶えている。

逆にせっかく実際に教師になれたとしても、「仕事の7割ぐらいは面倒な校内政治だった」とか「教える以外の雑務が多い教師は向いてなかった」なんてズレもあるかもしれない。

それなら「自分は実は教師になりたいんじゃなくて、教えることをしたいだけなんだ」みたいに奥底の一番の欲求に先に気づけていたほうが、結果的に豊かになれるわけです。

ステップ5　隠れた「嫌」を排除する

これはステップ4とも連動する話なのですが、この補足として大切なことが「隠れた『嫌』を排除する」ことです。

というのも、「好きなことを仕事にできた！」「欲しいものがわかった！」と思って希望通りのことを始めた人でも、いつしか「この仕事嫌だな」「実はそれほど好きでもなかったのかな？」みたいなギャップが生まれていることがよくあるから。

要は、「あんな生き方したい」と思ったとしても、ただ表面をなぞるだけだとダメで、あなたにとってなりたいものの、羨《うらや》ましい部分の核がどこなのか、自分の特性とかも見ながら探らないといけないのです。

たとえば、もし僕を見て「プロ奢ラレヤーの生き方いいな」と思ったとしたら――

・いろんな人に会えて楽しそう
・働かなくてもお金を稼げてるからいい
・奢られてメシ食えるのがいい
・フォロワーがいっぱいいるからいい
・テレビ出たりできるのがいい……etc.

――そんな感じで、さっきの「ひらがな」にして簡単に言い換えつつ、さらに掘り下げて「働かないのが1番目に羨ましくて、2番目はフォロワーが多いところ」みたいな感じで、自分なりのランキングづけをしてみることです。

もちろん、こういう作業の中では「働かずにメシ食いたいけど、見ず知らずの人に会うのは嫌だ」とか「フォロワーが多いのは羨ましいけど、炎上の危険を抱えるのはメンタルが無理」とか、自分なりのトレースしたくない点も浮きぼりになってくるはずです。

そうやって良し悪しの基準ができてくると「プロ奢ラレヤーみたいな生き方をしたいと思ってたけど『勤めない』だけ欲しかったんだな」みたいに、隠れた「嫌」に気づいてその部分を排除することもできるわけです。

第1章で出てきた餃子ニートで言えば、「餃子を焼くこと」が大好きなだけで、「餃子店を開くこと」は別にやりたくないストレス要因だと気づけて、排除できたわけです。

心惹《ひ》かれる職業やなりたいと思っている状態になれたとしても、大抵の場合、その中にはあなたがやりたくない嫌なことも何かしら含まれているはずです。

にもかかわらずそれに気づきにくいのは、あなたが世界にある既存の職業なり、モデリングできる先駆者がいる場所しかイメージできていないから。

でも本当は、いまはまだ世界に確立されていないものが、あなたにとって最高になりたい状態だったりする場合もあるわけです。

だから、既成概念に縛《しば》られなくてもいいし、自分に正直になって、自分が嫌だと感じる部分はどんどん避けていったほうがいい。

実際、僕自身も「プロ奢ラレヤー」はなろうと思ってなったものじゃないんです。自分に正直になって探っていったら生まれちゃった妖怪みたいなものなんで。

結局、嫌なことをせずに欲求が満たせるハードルの低い手段を探すのは、かなり幸福度が上がる方法としておすすめです。

自分の「嫌じゃないもの」「欲しいもの」「やりたいもの」に気づいて、それをくり返しやり倒すだけで成り立つような生活を作り上げられると、しんどさとは無縁の毎日を送れるようになるでしょう。

ステップ6
言葉に敏感になって、具体化させる

どうですかね。自分の隠れた「嫌」に気づけましたか？

ここから続く2ステップも、ステップ4の「ひらがな」化と連動する話です。「ひらがな」化はかなり使えるツールなので、いろいろと応用することをおすすめします。

ということで、「ひらがな」化を応用したステップ6は、「自分の発した言葉に敏感になって、もっと具体化させる」ことです。

突然ですが、よくお悩み相談とかで「恋愛がうまくいかないんですけど、どうしたらいいですか？」みたいな質問ってあるじゃないですか。ああいう質問を聞いたとき、あなたはどう感じますか？

正直、僕の場合は、「そもそも、『恋愛』ってどういう状態のことを指してるの？」「あなたにとって、どうなったら『恋愛が成功してる』って言える状況なの？」って真っ先に思います。**というのも、自分にとっての「恋愛」がはっきりしていないのに、「恋愛」の悩みが解決されるわけがないから。**

他にも、「英語がわからないんですけど、どうしたらいいですか？」っていうのも同じ種類の話だったりするんですけど、「じゃあ、英語の何がわからないの？」って聞くと「いや、わからないことがわからなくて……」みたいなパターンの人が結構多いんですよね。もう迷子なんですよ。

でも実際は、テストに出てくるレベルの英語の文章って、書いてある内容そのものは意外と大したことなかったりもするじゃないですか。よっぽど現代文の試験に出てくる日本語の文章のほうが、内容だけなら小難しかったりしますよね？

なのに、英単語がわからないのか、英文法がわからないのか、リスニングができないのか、食わず嫌いなのか……みたいな「わからない」の中身を漠然とさせたままで放置しているから、内容的には幼稚園児でも理解できるような簡単な話でも、複雑に感じてしまうのです。

そして結局、この「英語がわからない」の例って人生も一緒なんです。

「お金で困ってる」「仕事がしんどい」みたいに言ってるときの「お金」とか「仕事」が自分なりにどういう解釈なのかを説明できない人って、イコール「自分で自分の言ってる言葉の意味さえわかっていない」状態なのです。

そんな状態じゃ「お金」とか「仕事」の状況を好転させられるわけがないんですよ。

でも、勘違いしてほしくないのは、僕は別にそれをバカにしているわけじゃなくて、笑い話にしているわけでもなくて、「自分で自分の言ってる言葉の意味さえわかっていない」状態って、結構普通にあることなんですよね。そんな人はたくさんいるんですよ。

実際僕も、「よく使ってるこの単語って、どういう意味で使ってるんだろう？」とか我に返って思うときがあるんで。

ただ、だからこそ曖昧さに気づいたときには放置するのではなくて、自覚して具体化しておくと、だんだん自分自身への理解をクリアにすることができます。

「お金で困ってる」と思ったなら、そこでちょっと意識を向ければ、「あー、自分は預金残高が

10万円を切ったら、お金に困ってる不安感を覚えるんだな」とかわかるし、「仕事がしんどい」だって、ちょっと分析すれば「Aさんとの仕事はストレスがないけど、Bさんとの仕事はコミュニケーションがうまくいかないからしんどく感じるんだな」的なことがクリアになってくるんですよね。

その辺への意識を持つことを習慣化できてくると、無意識のうちに惰性《だせい》でやっていた楽しくないことを選択しなくなるし、自分の好き嫌いとかがはっきりするので、自然と行動が変わってくるはずです。

欲しいものリストでナンバーワンが見つかっていなかった人は、見つけるために役立つし、ナンバーワンが見つかっていた人でも、そこに含まれていた誤差に気づいて、より純度の高い自分の欲求に近づくことができるでしょう。

ステップ7 「働く」を定義する

言葉に敏感になったついでに、もう1つ質問です。
特に「いま働くことが嫌になっている人」は真剣に答えてみたほうがいいです。

あなたにとって「働く」って何ですか？
「働く」ことの何が嫌ですか？

――もしこの問いへの答えが明確でないとしたら、さっきのステップ6の話と同じで「働きたくない」と思ったとしても、具体的に何を避ければいいのか、本当の意味ではわからないはずなんです。
そうすると、ただただ「もう会社勤めは嫌だ……」とか「学校卒業して働きたくない」とか

「バイトもしたくない」みたいな感じで一括《ひとくく》りに「働く」を嫌になるだけで、どうしたらストレスなくラクしながら豊かに生活できるかな、みたいな発想が生まれてこないんですよ。

でも、たとえばいま目の前で「時給は500円なんだけど、ネットカフェに居てくれさえすればよくて、勤務時間中もスマホをいじってても、漫画読んでてもOKなバイトなんだけど、やってもらえないかな？」って誘われたら、普段「働きたくね〜」って人でも一定数の人は「まあやってもいいかな」ぐらいには思うはずなんですよ。

ただ、これって超ラクかもしれないし、漫画読み放題で楽しいかもしれないけど、指定された場所に存在することで給料が発生してるんで、「働いてる」状態って言えるじゃないですか。それなのに「まあやってもいいかな」って思った人は、本当は「働きたくない人」なんじゃなくて、「強度の高い労働をしたくない人」だったわけなんですよ。

要は、「働きたくね〜」と思っていたけど、実はいままで自分の知っていた労働形態の概念の中に、自分にマッチするものがなかっただけなんですよね。探したら自分的にまったく負担に感じない「働く」があった、みたいな。

僕がこういう錯覚《さっかく》に気づかされたのって、チェコに行ったときだったんですけど、チェコで働いてる人って日本人的には「え、これ働いてるの？」って感じだったんですよ。おしゃべりしてるし、呼んでもこないし、接客する気がないし。

ただ、時給はちゃんともらっていて、最低賃金のルールが違うから時給も安いのかもしれないけど、でもその程度の労働だし、みたいな。まさにさっき例で出したネカフェ状態。

だから、もし時給低くてもいいから労働強度を下げるほうがいい、となれば「じゃあチェコ行って働けばいいか」みたいな選択肢だって出てくるわけですよね。

そういう意味では、最近は僕だってUber Eatsならできそうかなとか思います。シフトもなければ上司もいないし、配達のときに人に会うくらいならいいか、みたいな。お金に困ったらUber Eatsやればいいから、いよいよ何も困らないな、と。

でもそれだって、人によっては「わずかな他人との接触もしたくない」とか「チャリンコ漕《こ》ぎたくない」とか、その中に嫌な面を見出す人もいるはずなんです。

だからこそ、自分にとっての「働く」とは何なのかを明確に定義したほうがいい。

そして、「多くの人にとっては労働だけど、自分は働いている気がしない」とか「他の人にはご褒美だけど自分にとっては重労働でしかない」みたいな要素をちゃんと拾えると、しんどくなりようがないので、ラクに豊かに生きる道を進めるでしょう。

ステップ8
自分の性癖に気づく

ここまでのステップを通しても、まだ自分にとって「あきらめたくない一番の欲求」がわからない……という人は、「自分の性癖」を探してみるといいです。

いきなり性癖って言うと語弊《ごへい》があるかもしれないですが、要は「自分にとっての気持ちいいもの」とか「なぜだか理由はわからないけどこういうやり方がしたくて仕方がないもの」みたいなものをヒントにすると、自分の中にある「隠された本当のあきらめたくないもの」が見つかりやすいですよ、という話です。

たとえば、僕は学生の頃、ソシャゲでアイテムを売ったりして、10万円くらい小遣い稼ぎしてたんですけど、それだって、ただ10万円の金儲けがしたかったわけじゃなくて、ソシャゲっていう空間の中で10万円儲けたら楽しそうだなと思ったんです。

同様に「デュエル・マスターズ」っていうトレーディングカードゲームにもハマってたんですけど、それもただ勝ちたかったんじゃなくて、使いにくいカードを組み合わせて、変なデッキで強い相手を倒すのが喜びだったんです。

いまやっているプロ奢ラレヤーだって、自分にとって誰かから奢られることが何の負担もなくて、変わった人の話を聞くのが好きだからやってるだけで、たぶん僕と同じことなんて全然したくないって人のほうが多いでしょう。

つまり何が言いたいかというと、こういう「人と違う個人的すぎる欲求とか変態性に気づけること」がめちゃくちゃ重要ってことです。

そもそも、いくら抗って自分の変態性にウソをついたところで、結局長い時間をかけたら、人生は絶対自分の性癖の方向に向かってしまうものです。

ほら、猫は絶対キャットタワーに乗るし、犬は基本乗らないじゃないですか。そういう無意識でやってしまう本能的なものほど、信用できるものってないんですよ。

そして、こういう本能的かつ自分独自のちょっとした変態性みたいなものって、別に僕だけじゃなくて本当は読者全員の中にも絶対にあるはずなんです。

だから、それを掘り出して、毎日それができる状況を作ればいい。それだけで自然と自分だけの豊かな世界が生まれます。

僕、「SUSURU TV.」（毎日ラーメン生活して、その様子を配信してるYouTuber）って時々見ちゃうんですけど、彼だってそういう性癖を極めた結果だと思うんです。

だって、いくらラーメン好きでも僕はラーメンを毎日は食べたくないし、そもそもラーメン好きじゃない人からしたら、ラーメン動画を毎日配信して稼ぐって地獄じゃないですか。

でも、彼は毎日でも食べたいし、食べられちゃうから「SUSURU TV.」ができる（見たことない方は、一度見てみたらいいですよ）。

だから、もしあなたが「SUSURU TV.の生き方いいな」と思ったとしても、「そもそも毎日ラーメンを食べたいか」「毎日ラーメンを食べても体を壊さないか」「撮影してYouTubeに動画をアップし続けることが苦じゃないか」……この中の1つでも無理なことがある人は、向いてないからやらないほうが身のためなんですよ。

それと一緒で、ドラマにもなった「レンタルなんもしない人」（Twitter経由で何もしない自分を貸し出す人）だって「何がすごいんだよ」って言う人がいますけど、「ずっと何もしないでいられる」「存在感を圧倒的に消せる」「怖い人に遭遇する不安を超越できる」……って実は多くの人ができないけど、彼には自然とできちゃう特殊能力なんですよね。

こういう「気づいたら自然と自分に備わってる謎なスキルと欲求」＝「性癖」に従って生きれば、毎日の中にしんどさなんて生まれようがありません。

ステップ9 究極的に欲求を自覚する

ここまで第2章を読んできてどうだったでしょうか？

自分のあきらめたくないものに気づけそうな人もいれば、「労働強度は低くしたいですけど、ニートな自分を自分自身で認められなくて……」という人もいるでしょう。


結局、この話って第1章ともつながるんですけど、「稼ぎたい」とか「モテたい」みたいなものだけじゃなくて、**実はこういう見栄とかプライドみたいなものも、残すのかあきらめるのか選択すべき100個の欲求のうちの1個なんですよ。**

「嫌なことはせずにラクに生活したい」と「誰にでも誇れる生活をしたい（＝稼いでいい家住むとか？）」的なことってそうそう両立しないので。

たとえると物件探しで説明するのがわかりやすいんですけど、誰だって「築浅《ちくあさ》」「家賃5万円以下」「2LDK」「南向き」「広いキッチン」みたいな家がいいんですよ。でも、外したくない条件があるほど、物件検索でのヒットする件数は減るじゃないですか。

だから一番欲しいものを手に入れるには、どこかで妥協が必要なんです。「快適さのために見栄捨てます」みたいな割り切りが。

それができない「外せない条件が多い人」って、要は本当に外せない大事なものが多いんじゃなくて、「自分が究極的に欲しいもの」へのピントがボケてるだけなのです。

僕自身の話で言うと、昔、東中野駅徒歩1分の3畳の家に住んでいたんですけど、「都心で駅近で安い」がそのとき自分が究極的に求めてるものだって自覚してたんで、唯一条件にはまった家が3畳しかないなら「3畳でいい」ってすぐ妥協できるんですよ。

でも曖昧な人の場合、「広いキッチン」を条件に挙げてみたりして、「なんで？」って聞かれると「なんとなく」とか言い出すんですよ。結局そんなに料理しなかったりするのに。

こういう風に誰もが3畳よりも5畳、10畳のほうがいい中で「3畳でいい」って言えないとダメなのです。それが明確な人だけが、抜け道を進めるわけです。
そのためにはやはり「どれだけ究極的に自分が欲しいものがわかっているのか」が大事です。その見極めができてこそ、「お金に困らず、ラクに、豊かに生きる」人生がスタートできます。

ちなみに自分はやっぱり見栄や世間体優先だなと気づいたら、それもありです。本を閉じて抜け道は狙わずに真っ当に働くことをおすすめします。

第1章・第2章と進んできましたが、ここまでどうですかね。「あきらめ戦略」がだいたい理解できました?

・そもそも自分の能力を過信しない。「何者か」を目指さない。固定費は下げる。
・絶対にあきらめたくないものをはっきりさせて、それ以外のお金やエネルギーを食っている部分はさっぱりあきらめて捨てる。

・自分にとって比較的ラクだと感じる労働で多少のお金を稼いで、自分が好きなことや嫌じゃないことだけで、それ以外の毎日の時間を構成する。

こういったことを見栄や世間体は気にせずにできるようになれば、実力に見合わない仕事や間に合わない締め切りや職場の人間関係で苦しむこともなくなるわけです。しんどい労働を避けて、気ままに生きていくことができるでしょう。

ということで、このあとの第3章では「あきらめ戦略」の障害になりやすいハードルについて、ピックアップして読者に突きつけていきます。

次に出てくるものを割り切れるかどうかが、実際の生活において「あきらめ戦略」を実行できるかどうかの鍵になります。正直、あきらめる難易度は高いものばかりですが、これをあきらめられたら、人生の自由度がめちゃくちゃ上がるというお話です。

第3章

あきらめにくい6つのハードル

本当にあきらめていますか？

第1〜2章では、「あきらめ戦略」の概要と方法論について、お伝えしてきました。

改めて簡単に言えば、自分の最大の欲求に気づいて↓それ以外の些末な欲求をできる限りあきらめてしまえば↓固定費も下がるので↓しんどい原因になりやすい「嫌な仕事」をする必要がなくなるし↓人生の時間の大部分を最大の欲求に費やせるんじゃね？　ということです。

でも、そのために最大のハードルとなるのは、第1章でも出てきた「お金」と「見栄」。

この部分をクリアにできていないと、「あきらめるって言ってもハードル高すぎ」と思ってしまうだろうし、「簡単に言うけど、そんなのできるわけないじゃん」となるだけ。

そこで、この章の中で「お金」と「見栄」をさらに6つに細分化して、ハードな人生をぬるゲー化させるためには、具体的には何をあきらめなければならないのかを突きつけようというわけです。

「あきらめなんて簡単にできるし」と頭で思っていても、突きつけられてみると「やっぱり無理だ」と感じるものもあるでしょう。**ただ、自分にとってのハードルを無意識下に置いたままにしておくことと、「ここに自分のあきらめにくいポイントがあるのか」と認識できるのとでは、雲泥《うんでい》の差があります。**いますぐは手放せなくても、自覚できたことで、徐々にあきらめられるようになる項目もあるでしょう。

もちろん、いまから挙げるハードルの中で「これは手放せない」というものが見つかれば、それはそれでOKなので、それを大事にするための人生を送ればいい。

逆に、手放せれば手放せた分だけ、固定費等々のコストは減るので、「お金に困らず、ラクに、豊かに生きる」ことができるというわけです。

ちなみに「プロ奢ラレヤー」はこれから挙げるものを全部あきらめた結果の産物と言えます。もし全部あきらめられるようなら、もう生きていくうえで怯える必要はないのです。

①「親」をあきらめる

人生であきらめにくいハードル、その最初は「親」です。

具体的に言うと、「親からのプレッシャー」とも言えるかもしれません。


たとえば「親からの期待がつらい」というパターンってよく聞きますよね。

親は「子どもにこうなってほしい」という理想像を押しつけがちです。

だから、やさしくて真面目な優等生タイプの人ほど、「親の望まないことなんてしたら、親不孝者だ」「会社をやめて嫌なことをしないで生きるニートなんてできない」みたいに、罪悪感を持って自分を責めるのだと思います。


ただ、もうわかっていると思いますけど、この「親への罪悪感」というのが、ラクに豊かに生きるためにはコストがすごく高い。めちゃくちゃハードルになっているのです。

もちろん、「やっぱり親が悲しむことは絶対できない」と思う人は、『親をあきらめる』ことをあきらめる」でもいいんですけど、もし「親の期待に応えるのはやめよう！」って決意できたら、それってものすごい自由が待っているわけです。

そもそも僕は思うんですけど、**血のつながった親だろうが何だろうが、他者への期待っていうのは、その他者自身が一方的にしているだけのものなので、別に絶対応えなきゃいけない義理ってないんですよね。**

むしろ、他人の人生に介入してコントロールしようなんてかなり傲慢《ごうまん》。

それに人間っていうのは、一回期待に応えると感謝するのではなく図に乗る傾向もあるから、一回でも期待に応えてしまうと、次もまたその次も……と一生期待の奴隷《どれい》にされる。

ちょうどテストで一回100点とったら、その次も100点を期待される。もしとれなかったら80点とれていてもガッカリされる、みたいなものです。

だから、家族だろうと何だろうと、他人からの勝手な「期待」は初回からガンガン裏切っていけばいいと思うわけです。

「育ててもらったし」とか「恩返ししなきゃ」なんて義務感を背負う必要はまったくない。親の望む理想の自分になれなくていいのです。

ちなみに、その逆も然《しか》りで親に「理想の親像」を期待するのもまたムダな話です。「こんな親であってほしかった」「こういう家に生まれたかった」なんて思っても、親とあなたは血がつながっているだけの別の人間なので、コントロールはできません。これも傲慢です。

彼らには彼らの人生があって、歴史がある。**それだけの関係性なんだから「こうしてほしい、ああしてほしい」なんて互いに求め合うことはやめて、適切な距離感を保てばいいだけなんです。**血がつながっているから「理解してくれるはず」というのは思い上がり、というわけです。

……と、ここまでで言いたいことは言ったのですが、親子の話になったので最後に少し僕の家族の話をしておきます。よく「プロ奢の育った環境が気になるw」と言われるので。

僕の両親は至って普通の人です。いま思うと「ちょっと変わってたのかもな」という点は、僕の家には常に10人ぐらいの人間がいたこと。

両親、じいちゃんばあちゃん、いとこ一家とみんな一緒に1つの家に住んでいました。いとこ家族はシングルマザーで3人兄弟。あとは犬が常に3匹ぐらいいて、とにかく人の出入りの激しい、騒《さわ》がしい家でした。

でもそれで何がよかったかというと、大人がたくさんいたことなんですよね。

いとこも全員年上だから、周りは大人だらけ。その環境でテレビとか見ていると、何か1つ、たとえば芸能人のゴシップニュースがあったとしても、「この不倫は妻が良くない」「いや、夫が悪い」「いや、どうでもいいよ」みたいに、家の中で大人たちの意見が絶対に割れるわけです。

一般的な家庭であれば、両親の意見が大抵は家の価値観であり、正解であると刷り込まれるっぽいんですが、僕の周りには大人が多すぎたので、子どもの頃から「今度の議題では誰の意見が的を射ているのか」などと常に比較して考えていました。

もちろんまだ子どもだから完全にフラットじゃないにしても、「ばあちゃんはよく適当なことを言ってるよな」とか「いとこは結構まともなことを言うけど、たまに極端なんだよな」とか、それぞれの意見の方向性が見えてきたりするわけです。

そんなものすごく「ゆるい大家族」みたいな環境で育った結果、僕は「家族」っていう定義そのものが曖昧になったし、**親だろうと正しい意見を吐くとは限らない、というのを比較的早くから知っていたような気がします。**

だから親を裏切れない価値観の人が持つ「親」や「家族」という認識とは、そもそものイメージが僕とは違うのかもしれません。

僕の中での家族は「距離感近めの他人」です。

だから別に一緒にいてもしんどくなりません。仲も良いし。

あなたにとって「親」がしんどいのは、どこかで「親」という存在を特別視しているからじゃないでしょうか。別にその辺のおじさん、おばさんと一緒ですよ。

離れたければいつでも離れていいいし、一緒にいるなら過剰な期待をしなければいい。

「よく会うおじさんおばさん」ぐらいに思っておけば、親の期待に応えることなんてすぐにあきらめられるんじゃないですかね。「よく会うおじさんおばさん」のために、いい大学に入ろうとか大企業に入ろうとか、思わないですよね?

②「家」をあきらめる

人生であきらめにくいハードル、2つ目は「家」です。

おそらく多くの大人に「人生で一番高い買い物は？」と聞いたら「家」と答えるんじゃないですかね。都心のタワマンとか郊外の新築一戸建てとか、「家」というものに価値を見出して、夢を描く人はどうやらたくさんいるようです。実際、結婚して、子どもが生まれて、マイホームを買って、あとはローンを返すために残りの人生働く、みたいな人も結構いるでしょう。

もちろんどうしても住みたい家があるなら、30年でも35年でもローンを組んで労働をすればいい話です。

ただ、この本は基本そんな重圧には耐えられない人向けなので、「家」に対する価値観の問題から見つめてみましょう。

そもそもですが、あなたは「家」をどのように定義しているでしょうか？

ちなみに、僕にとって「家」とは寝る場所です。単なる生活スペースです。

だから寝るのに必要なスペースが1畳あれば、あとはボロかろうが僕の場合充分。

つまり、1畳とまで言わなくても、もしあなたの「家」の定義が「ただ寝て起きてを繰り返すための場所」であれば、広くて豪華な家って別にいらないわけです。

じゃあ、なんで多くの人がいい家に住みたがるのかといえば、たとえば好きな女の子を連れてくるときに恥ずかしいからとか、なんとなく一等地のオートロックマンションを借りたいとか、親に心配されるとか、ボロい家に住める気がしないとか、そんな見栄に基づいた心理的欲求が細かくあるからでしょう。

上京ガールがなんとなく「中目黒のおしゃれな部屋に住みたーい！」と夢を描くように、家っていうのは生活スペースであると同時に、自己表現の手段でもあるのです。

でもそこに実体的なものって何もないんですよね。中目黒女子＝おしゃれそう、港区女子＝プロっぽい、ってだけ。

だから、結局はあなたが家という自己表現にどこまで頼るのか、ってことだと思います。

極端な話、僕は池袋西口の路上でも寝られるので、どこでも住めるし、数年前までフォロワーの家を転々としていたほど「住む」ということに興味が持てませんでした。

とはいえ、いまは猫も飼ってるし、埼玉のペットOKな物件を借りて、好きなときに使える部屋を獲得しています。実際に住んでみると自分の部屋を持つのはやっぱり合理的で、寒さや暑さによって体調を崩すこともないし、快適なんだということもわかりました。

それでも僕は「家」を絶対条件にはしていません。

ちょっとお金に困れば猫は実家に預けていつでも解約するでしょう。フォロワーにもらったボロ家に引っ越すこともできます。それぐらい僕にとって家はあきらめられるものなのです。

翻《ひるがえ》って、みなさんはどうでしょうか？

生活が苦しいから、いまの会社で働くのがしんどいから、嫌なことがしたくないから、ボロ家に引っ越せますか？　何かのツテで空き家に住めるように交渉できますか？

端的に言ってしまえば、それができれば、あなたはまた一歩「お金に困らず、ラクに、豊か」な状態に近づくわけです。

ちなみに、それでも家賃を下げられないな〜という人は、考え方を変えてみるのもありです。**というのも、僕の場合、「大家さんに家賃を払うために（つまり誰だか知らない大家さんの生活のために）労働するのは嫌だな」というのも、家賃を下げる動機の1つにあるからです。**

たとえば手取り15万円のうちの7万円を家賃に取られたとしたら、働く意欲ってどんどん削がれていきませんか？

「大家さんの生活補償のために労働して家賃を払い続けてもいい！」と思えるなら、家賃の高い好きな部屋を借りたらいい。

ただ、さっきの手取り15万円の例でいえば、あなたの労働時間が1日8時間だとしたら、そのうち4時間分ぐらいは大家さんのために働いていることになります。顔も知らない大家さんのために労働対価の半分を取られるのだとしたら、僕はもう働きません。絶対家賃を下げる。

とはいえ、家賃8万円の部屋と3万円の部屋だったら8万円のほうが住みやすいに決まってるのは僕だってわかります。新築8万円の部屋に一度でも住んだら、そこからグレードを下げるのは難しい。水回りがきれいで、バストイレ別で、日当たり良くて駅近で……と自分の希望を叶える部屋に一度でも住んだら「家」をあきらめることは難しくなるでしょう。

じゃあ、どうすればいいのか。

僕の提案としては、まず最低な家からスタートすることです。

よく家探しは「ここだけは譲《ゆず》れない」部分を軸に探すといいと言われますが、そもそも「ここだけは譲れない」っていうのはいままで一度も譲ったことがない人の意見じゃないですか。

だから、まずは実験してみるんです。「自分はどこまで譲れるのか」。

これから実家を出てみようという人は、まずは家賃3万円の家に住んでみて、自分の中の許せなかった部分と妥協できた部分をリスト化する。そのうえで許せなかった部分を解消できる部屋を、家賃を少しだけ上乗せして探すといいと思います。

「これだけは外せない」っていう思い込みを一回なくしてみると、案外どこでも生きていけるな、というタフな精神を鍛《きた》えられるかもしれません。

「自分はどこが譲れないのか」ではなく、「自分はどこまで譲って生きていけるのか」を軸に考えると、あらゆることの許容範囲が広がるのでコストも低くなるし、お得ですよ。

③「結婚・子ども」をあきらめる

人生であきらめにくいハードル、3つ目は「結婚・子ども」です。

2つ目の「家をあきらめる」ができない人の中には、「ボロい家に住んだら、彼女（彼氏）に幻滅《げんめつ》される」とか「もう嫁（夫）も子どももいるのに、無理」と思った人もいるでしょう。

中には、子どもを一人育てるのに大学までずっと公立でも1000万円はかかるから、しんどくない生き方したいけど、いまさらこの「あきらめ戦略」は自分には無理だ、と感じた人もいるかもしれません。

まあ確かに独身の人のほうがあきらめやすいでしょう。**でも、もし自分の欲求が本当に何よりも一番大事で、結婚や子どもがハードルになるなら、謝って離婚するなりして、それをあきらめるという選択肢だって極論あるわけです。**

そこは自分にとってどちらが重要かの天秤《てんびん》次第。

ちなみにそう言う僕も、別に隠しているわけでもなんでもないですがバツイチです。数年前に一度スロバキア人と国際結婚して離婚しています。

この結婚は、まあなんとなく元嫁を「日本に連れて帰ろう〜」と思って、その手段として、結婚ビザがそのときの僕たちには一番手っ取り早かったから、というものでした。

出会ったときからものすごく気が合わなかったし、普段誰かにイラつくことなんてないのに話しているとなぜか感情を逆なでされるのが、当時は逆に新鮮で面白かったんですよね。「単に合わないだけ」っていうのがあとでわかったんですけど。

だから、他人から見れば結婚という形にすらなっていなかったと思う。

で、国際結婚だから相当面倒な手続きを踏んで離婚となりました。

でも日本はバツがついたら人生の黒歴史みたいな扱いになるけど、そういう感覚は全然ありません。**特に日本人同士なら手続きも紙切れ一枚提出するだけだし、世間で思われてるほど離婚するのってコストなくできるな、とも感じたわけです。**

もちろん日本全体っていう視点で考えたら、結婚しなかったりすぐ離婚する社会っていうのは子どもが減ることになるから良くないのかもしれない。

でも個人レベルの話で言えば、別にあなたが結婚（離婚）しようとしまいと、社会は何か報酬を与えてくれるわけでもない。

たとえ親からの期待があったとしても、「絶対産みたい！」って迷わず思えるようなお得感もない現代で、結婚や離婚や子どもを持たないことに後ろめたさを感じることはまったくないと思うわけです。

いくらあなたが頑張って10人産んでも別に日本の少子高齢化は止まらないし。

それに、結婚したい人の中には、「一人でいるのが不安」とか「老後に面倒見てくれる子どもが欲しい」とか「社会的評価や他人からどう思われるか」とか「同期に『まだ結婚してないの？』といちいち言われるのが嫌だから」という人もいるみたいですけど、そんな動機で結婚したって、夫に先に逝《い》かれて子どもに独立されたら結局一人だし、子どもが老後の自分の面倒見てくれるとは限らないし、後ろ指さしてくる人とは距離を置けばいいだけなんですよね。

自分が本気でしたいと思ってなければ、別に結婚する必要ってないんですよ。だから親の期待とか、相手への気遣いとか、将来への不安とかは気にせずに、結婚・子どもをあきらめる選択肢だって普通にありなわけです。

とまあ、ここまで結婚や子育てを一方的に不必要なもののように言いましたが、それはあくまで1つの考え方です。

ちなみに、結婚も子育てもあきらめ方というのは0か100かだけではありません。

自分の欲求が明確で固定費を圧縮したいと思うなら、0にしなくてもあきらめのバランスのとりようだってあります。

たとえば、入籍はするけど豪華な結婚式とドレスは避ければいい。子育てだって別に私立の学校に入れなくても子どもはまともに育つし、習いごとだってさせなくても自分で好きなものを見つけるかもしれない。本人が大学に行きたいなら奨学金制度もある。実際、フィリピンのスラムで子育てしている友人もいます。

結局、結婚でも子育てでもコストがかかる理由って、どこの式場を選ぶかとか、どこの学校

に入れるかみたいな、見栄の部分が大きいのです。

でも実際は、結婚後の幸せは式場やドレスの豪華さとは比例しないし、いい学校に入っても落ちぶれる子もいれば底辺校に行ってもうまく世の中泳ぎ切るやつもいるわけで、関係ない。

だから自分にとって必要なものを認識して独自の計算式をあみ出せば、完全にあきらめる必要もないわけです。

結婚も子どもも、いろいろな形があります。

大事なのは自分の欲求を守るために、あきらめたくないことをあきらめないために、その他のことは「あきらめる」という意識を持つことです。

完全にあきらめたほうが、ラクに豊かになれて自分にとって都合がいいなら、結婚そのものや子どもを持つことをしなければいい。

欲求を追いかけながらも結婚・子どもが欲しいなら、あきらめないために何をあきらめるべきか、自分独自の計算式を立てていけばいいだけなのです。

④「食事」をあきらめる

人生であきらめにくいハードル、4つ目は「食事」です。

これはわかりやすいと思いますが、食事に対してのコストがかかるこだわりをあきらめられるかどうか、という話です。

そもそも食事には2つのカテゴリーがあります。

1つは動物的な機能を維持するためのカロリー摂取。もう1つは娯楽としての食事です。

おいしいものを食べるっていうのは娯楽なわけで、そもそも食べる時間がもったいない、カロリーだけ摂《と》れたらいいっていう人は、完全食のサプリメントでも摂取してればいいし、食事の質にこだわらない人なら、安さを重視して食べておけばいいわけです。

実際、僕自身、食に関しては何のこだわりもないので、普段、贅沢なご飯は食べていません。

もちろん奢られて高いメシやうまいメシを食うこともあるけど、自分のお金で5万円する寿司を食うかっていったら絶対ない。だって5万円の寿司と100円の寿司はもちろん違うと思うけど、価格差を埋めるだけの価値を僕は感じられないから。

とはいえ、勘違いしてほしくないんですが、僕は娯楽の部分をすべて否定するわけではありません。むしろ肯定。「うまいメシを食べる」とか「高級なレストランへ行く」っていうのも、やりたい人はやればいいと思う。

ただ、その娯楽行為について「自分が、何をあきらめられないためにしているものなのか？」という点を認識したうえで、「それは自分が本当に楽しいと思ってやっていることなのか？」ということは、もう少し突き詰めてもいいのかなと思います。

たとえば、別に人生で必ずアルコールを飲まなきゃいけないわけじゃないのに、「酒を飲むと楽しいんだ」「本音で語り合えるんだ」的な刷り込みによって、惰性でアルコールを摂取しているだけだとしたら、そこにかかるコストは自覚したほうがいい。

見栄を張ることだってそれが動力源になる人はどんどん張ればいいのかもしれないけど、

「いま本当に自分に高級品は必要なのか？」「女性と行く高いご飯は必要なのか？」「お金に余裕ができてからでもいいんじゃないか？」みたいな視点は持っていたほうがいいと思うわけです。

人生にはいろんなフェーズがあるので、お金に余裕があってしんどくない人は、もちろん見栄を謳歌《おうか》していいと思います。ただ、お金に余裕のない序盤フェーズにいる（序盤フェーズを抜け出せそうにない）しんどい人は、「あきらめ戦略」であきらめられるものを増やすほうが健全。

そして食事に関して、その視点で人生に必要なものと必要でないものを分類すると、何があってもあきらめちゃいけないものって、カロリー摂取みたいな動物的なものになってくる。だから、娯楽部分に属するジャンル、食事なら「うまい」「高級」みたいな部分はやっぱりあきらめられるものの上位にくるというのは理解したほうがいいわけです。

よく仏教の修行では、米と超少ないおかずで食事をしています。究極的にいえば、僕らの食事はあそこまで削ぎ落としても生きていけます。

僕自身、ヨーロッパで3カ月間貧乏旅をしていましたが、りんご1個とか腐ったパンでしのいだりするぐらいのことはザラでした（さすがにちょっとダメだったけど）。

もちろん現代の日本でそこまでする必要はないかもしれないけど、いまどき業務スーパーとかもあるから、自分があきらめられさえすれば、食費もかなり圧縮できるわけですよね。

しんどい労働をしなくていいように固定費を抑えるために、値の張る食品には手を出さないということはできるわけです。


ちなみに、どうしても「うまいメシが食いたい」という人には、空腹状態を生み出してから食べると低コストで済むのでおすすめです。

それこそ3カ月間ヨーロッパに行ってた時期に、丸々3カ月ラーメンが食えなかったんで、日本に帰ってきて、まず成田空港のつけ麺屋に飛び込んだんですけど、僕自身あれが人生で一番うまかった。いまでもその感動を忘れられないんです。

ヨーロッパの雪山で遭難したときは、川に乾燥パスタを浸《つ》けて食べて飢《う》えをしのいでいたんですが、あれも普段だったら食えたもんじゃないけど、生きるか死ぬかだったんでそこそこおいしく感じました。命の味、って感じ。

オーストリアの駅で寝泊まりしていたときは、ハンバーガーの肉が入っているやつをたまま拾って食ったこともありましたが、それがオーストリアで食ったものの中で一番おいしかった。たぶんチェーン店の一番安いハンバーガーなんですけど、ドイツのソーセージを食べたときよりもはるかに感動したので覚えています（ソーセージは飽《あ》きる）。

と、僕が「海外旅行中いかにまともなものを食べてなかったかマウント」はこれぐらいにしておいて、つまり何が言いたいかというと、純粋にうまいメシを食いたいならしばらく絶食するという考え方もある――**何もお金をかけるだけがうまいメシにたどり着く方法じゃないし、結局食事って主観に左右されるってことです。**

自分は食事に何を求めているのか。もし娯楽的な要素であれば、それは主観的なうまさの問題でどうにかなるのか、それとも見栄を張りたいのか、まずは考えてみる。ただ単に、「うまい食事＝お金がかかる」という貧困な発想では、いつまでも「あきらめる」ことはできません。

ちなみに、個人的には「すごくいい炊飯器を買う」とかも、長いスパンで見るとコスパよくていいですよ。最初の投資以外は安い米でずっと幸せになれますから。

⑤「安定」をあきらめる

人生であきらめにくいハードル、5つ目は「安定」です。

人はよく「安定したい」と言います。その「安定」とは、おそらく会社員として人並みに困らない給料があって、結婚して子どももいれば老後の心配もない、みたいな状態なのでしょう。

ただし、この本の「あきらめ戦略」は、そんな一億総中流的な生き方ができない人向けです。

つまり、「あきらめ」は、昭和の日本にあったような「安定」とは両立しないわけです。

じゃあどうやって「安定」をあきらめればいいのかといえば、「自己理解」に尽きます。

そもそも「安定」という感覚が僕にはよくわからないんですが、辞書だと安定の対義語は不安なんで、**「安定したい人」と言う人は不安を抱えているんだと思うんです。**

そして、人生におけるもっとも大きい不安は何かというと、やっぱりお金でしょう。

そもそも多くの人は、「お金をかけることで何かを手に入れられる」という方法論しか知らずに人生を生きてきてしまっているので、お金がなくなることへの不安がものすごく強い。

そのうえ、第1章のしんどい理由でも言いましたが、自分自身が人生で最低限何があれば生きていけるのかが曖昧なので、何かあったときの準備等々に無闇《むやみ》にお金がかかるのです。


でも僕の場合はその逆で、家なし、お金なし、メシは奢られ……という状態からスタートしているので、これ以上落ちようがないから不安にもなり得ません。**谷底の深さを知っているので、自分の人生が最悪どこまでいくのか、というのを具体的に把握できているからです。**

実際、いまでもたまにホームレスのおっちゃんに、ほうじ茶を差し入れしながら話しかけたりするんですけど、話を聞いてると「池袋西口のホームレスとして生きるだけなら、いまの僕の生活とそんなに変わらないな」とかって安心できたりするんですよね。

みんなやりたがらないかもしれないけど、こんな風にホームレス10人ぐらいに取材して情報をある程度把握しておくのは結構使えます。

「ホームレスってこういうもんか～」とわかるので、恐怖も不安もだいぶ消えるのです。

ちなみに、僕もこんな感じの生き方なので、よく「老後どうするの？」って言われます。だけど僕は究極「別に目があれば本も読めるし、いいかな」ぐらいに思っています。

谷底を知っているからお金がなくても最悪なんとかなると思えるし、問題はむしろ暇な時間をどう潰《つぶ》すかだけど、それも図書館で本を借りればそれでいいし、いまは娯楽もいくらでもあるし、もし目が見えなくなったらオーディオブックで聞けばいいか、って思えるので。

こんな風に自分にとって最低限必要なものがわかっていて、そのうえで「別にどうとでもなるな」って思えていると、不安にならないんですよね。

でも多くの人は「もし目が見えなくなったら……」で思考停止してるから、老後についても不安になるんだと思います。要は「老後2000万円問題」だろうと何だろうと、メディアにいたずらに煽《あお》られているだけで、**自分の中でのリスクや不安をきちんと言語化していないから、漠然と不安を抱え続けるわけです。**

だからこそ、もし「安定」を望むのであれば、「安定」という言葉は広すぎるので、自分にとっての「安定」は何なのかを明確にしてみることが大事です。

第2章でも言いましたが、**要は「安定」について「自分はどういう意味で使ってるのか」をひらがなで説明して分解することです。**

幽霊は正体がわからないから怖いわけで、その漠然としたものを明確にすれば、恐怖というのは薄くすることができます。

それに「将来が見えていないと不安だ」なんて言いますが、そもそも本当の意味で将来が見えている人なんて一人もいないじゃないですかね？

常に「安定、安心」を求める人は、いままで想定通りのことが起きてきた自分の世界に慣れすぎているだけ。これまで広い部屋で何となく住んできたから、なんとなく今後も広い部屋に住みたいだけなんです。

しかし実際は、地震も津波も感染症も、僕らのそういった思い上がりや都合なんか完全に無視して、ある日突然やってきます。貯金がいくらあったって「ダメなときはダメ」でしょう。

そのとき、僕たちはただ目の前の「安定しない日々」をやり過ごすしかありません。

つまり、漠然とした「安定したい」は結局あきらめるしかないわけで、その代わりに自分にとって「どうしたら不安を薄くできるのか」を常に明確にしておいて、どんな状況でもそのポイントだけを押さえて生きていければいいのです。

動物だって明日の餌《えさ》の心配はしますが、5年後10年後に思いを馳《は》せて、「不安だ、不安だ」と日々を悶々《もんもん》と過ごすようなことはしません。

それでもまだ不安の未来予想図を描くのが好きな人は、ご自由にどうぞ。

でもそれはあくまで「お遊び」であり、現実は僕らの事情を何も考慮してくれないものだ、と「あきらめ」て、目の前の日々を生きるしかないのです。

⑥「嫌われたくない」をあきらめる

人生であきらめにくいハードル、6つ目は「嫌われたくない」です。

いきなりですが、僕はTwitterやヤフコメでよく叩かれます。アンチに「乞食《こじき》」だなんだと言われるのにはもう慣れてしまったし、ヤフコメで僕に対して謎の怒りをぶつけてくる人や炎上しているさまを見るのは、もはや1つの娯楽として楽しんでいます。

でも、もし僕が人に嫌われないように気にし出したら、どうなると思います？

たぶん、奢られることをやめなきゃいけないし、Twitterで自由につぶやけなくなるし、そもそもTwitterなんてやめなきゃいけない。

これ、すごく自分の自由度を狭《せば》めてバカバカしいことなんですよね。

現実問題として、すべての人に好かれるなんて無理です。それなのに、嫌われたくないがために、見ず知らずの人まで含めて世の中の顔色を窺《うかが》ってたら、一生ラクに豊かになんて生きられません。

ただでさえ、固定費下げてしんどい労働を避けようとする「あきらめ戦略」って、一般的には理解されやすい見映えのいい生き方ではないじゃないですか。

当然ディスられたりする可能性もあるわけで、そんなときに他人が吐き出してくる感情のゴミなんて真に受けてたら、自分の心地良い生き方を貫くなんてできない。

そもそも他人の感情なんて自分からはコントロールできないんだから、「嫌わないでもらう」なんて無理なわけで、「人から嫌われたくない」なんて欲求は捨て置いたほうがいいのです。

たとえば、Twitterとかで「来月友人の結婚式だわ〜。だるいし3万円払いたくねー」みたいなツイートを見かけることがあるんですけど、僕なら「じゃあ行かなきゃよくね？」って思うんですよね。

「ご祝儀に3万円払うのきつい」って負担に感じているのに「周囲の目や誘った相手がどう思

うか」を気にして無理して行く人の気持ちは全然理解できない。欠席すれば、その分時間が自由に使えてお金も減らないし疲れない。どう考えても行かないほうが幸せなんだから。

もちろんそこで欠席することで、「何あいつ友達大切じゃないの？」と友人の怒りを買い、その辺の人間関係をあきらめざるを得ないかもしれない。

とはいえ結婚式をあきらめても失うものといえば、せいぜい3万円の価値ほども自分が認めていない友人ぐらいのものでしょう。

結局、「結婚式に行きたくないからやーめた」となかなか言えないのは、それによって何を失うのかを理解できていないから、怖いだけなんですよね。

でも決断する際に、常にその決断によって何をあきらめなくてはいけないかを意識したうえで、「実は大したものを失うわけではないんだ」とわかれば、合理的な判断ができます。

「本当は嫌だけど〜しなくちゃいけない」——そういう局面になったとき、世の常識だとか周囲の目、世間体なんて、ふんわりした価値基準で測るのはやめましょう。明確に自分が失うものだけを勘定に入れて「あきらめる」に値するのかどうかを判断してみたらいいわけです。

ちなみに、こういう「人に何を言われても気にしない」という僕の性質とそのロジックについては、前の本でも結構説明したので割愛《かつあい》しますが、簡単に言ってしまえば、結局何でもネタになっちゃう、という点に尽きると思います。

人間の脳って結構簡単だから、「なんか炎上してるｗウケるｗ」「めっちゃ怒ってるじゃんｗウケるｗ」って言ってたら、本当にウケるに変換されるようにできてるんですよね。

だから僕は悩みや困ったことがあったら、「細かいことはわからないけど、とりあえずウケてみたら？」という荒療治を推奨しています。これ結構Twitterでも評判良くて、「語尾に何でも『ウケる』をつけたら深刻にならなくなった」「悩むのがバカらしくなった」なんて声ももらっています。僕の理論の中では割と再現性があるっぽいんで、おすすめです。

何事も、真っ向から戦おうとしたらダメです。だから、一般的に不快な出来事があっても、Twitterでネタにするとか YouTube のネタにするとか、そういう風に決めておくと、どんどんネタが増えて仲良くなれる人も増えるかもしれない。

他人に嫌われるのってすごくつらいことのように言われがちだけど、別に殴られたり刺されたりっていうのは稀《まれ》だし、意外と好かれようとするコストよりも実害はないんですよ。

第 4 章

実践編

あきらめ
チャレンジ

あきらめなくてもいいけど、あきらめないなら普通に働くしかない

ここまで「あきらめ」のメリット、自分の一番の欲求の見つけ方、そしてあきらめにくいけどあきらめたら一気にラクになれるハードル、について説明してきました。

どうですかね？　自分でやれそうですかね？

こんなステップを踏んで実際に「お金に困らず、ラクに、豊かに生きる」のが僕だったり、僕の周りの知り合いだったりします。

たとえば、第1章で少し出てきた餃子ニートの女性。

「餃子のやーまん」って名乗ってるみたいですけど、彼女は第2章的に自分の一番の欲求を突き詰めた結果、「餃子」だと気づいたので、ひたすら餃子を作ってはそれをTwitterやYouTubeにアップして餃子に溺《おぼ》れる生活をしています。

その他にも、「ウイスキー藤村」っていう知り合いは、ウイスキーが好きすぎてウイスキーさえあればOKな人間なので、会社員みたいな縛られる働き方はせずに、少し稼いだら海外の蒸溜所に行ったり、気に入った銘柄を買ったりしてるみたいです。

彼もTwitterやYouTubeで発信して、ウイスキー好きで集《つど》ってるらしい。フォロワーからウイスキーが送られてくることも多いとか。

そんな感じで、別に「何者か」では全然ないけど、いろいろなものをあきらめることで、誰にも邪魔されずに自分なりに幸福度MAXの毎日を送ることはできるわけです。

とはいえ、そういう話を聞いても、いままでレールから外れないように生きてきた人にとっては、飛び出す勇気というのはかなりいるものなのでしょう。

実際、本を読んで「なるほど」と思っても、実行にまで移す人はわずかなものです。

でも、もしこの本で実行に移さなければ、あなたのしんどい状況は1ミリも変わることはありません。**見栄や世間体が怖い場合、もちろんそれはそれでOKですが、その代わり、いままでしてきたしんどい労働が続くことは覚悟してください。**

だから、この章では今日からあなたを縛る鎖《くさり》を外せるようになるために、ちょっとした男気チャレンジ的な課題を提示していきたいと思います。

やってみようと思っても躊躇《ちゅうちょ》を感じる場合は、あなたのあきらめられないポイントがあぶり出されていると思ってください。そのポイントを優先させると決めるもよし、もう一歩踏み込んで自分の生活に求める基準を下げるもよしです。

とはいえ、実際トライしてみると、「ずっとこだわってたけど、いらないものだった」とか「最初は恥ずかしいけど、だんだん気にならなくなった」とかリアルに見えるようになるものもあったりします。

繰り返しますが、どんな本でも、読んだ内容は実行に移さないと意味がありません。騙《だま》されたと思ってできる範囲で試してみると、意外と自分のあきらめられる範囲が広いことに気づいたり、つまらないしがらみが解消されて、人生にポジティブな変化が起こせるようになるはずです。

親と距離をとってみる

あきらめチャレンジの最初は、「親と距離をとってみる」です。

まず「しんどいことはやめて自分の一番の欲求のために生きたい！」けど、「親の目が気になる」という人は、物理的に親との距離をとることを考えてみましょう。

僕は親との仲は良いし、親からの期待みたいなものも感知できないタイプなんで、プレッシャーとかも感じないんですけど、それでも親と実家で一緒にいるのと、一人暮らしの状態とだったら、やっぱり実家にいるほうが影響を感じます。

僕ですらそうなんだから、たぶん優等生タイプでいい子をしてきた人からすると、同じ空間にいると親の影響は甚大《じんだい》です。

たとえば、親をあきらめるのに躊躇がある人は親に「嫌だ」と言ったことがありますか？

パワーバランスを変えるためには、何かアクションを起こしてみることは大切なので、親からの圧力に屈し続けてきた人は、とりあえず「嫌だ」と表明してみてもいいでしょう。

そのうえで、少しお金に余裕ができた人は、家賃の安い家に引っ越してみるといいです。

基本的に、お金がなければ実家でいいじゃんとは思いますが、**もし僕みたいに親のプレッシャーとかを感知できない病的症状がないのであれば、メンタルやら何やら含めたコストは家を借りたほうが低いかもしれない。**

成人していれば、自分が何をしてようが犯罪さえしなければ、自由なはずです。

「会社をやめたいけど、親の目が気になってやめられない」「勤める気なんかないけど、親がうるさい」みたいな人は、それこそ実家を出てからさくっとやめてしまえばいいわけです。

ちなみに、実家から出るお金は全然ないけど親からのエネルギーはシャットダウンしたい、実家は出ているけど親からの期待が重いという人は、僕みたいに感知しないスキルを身につける道も1つです。ほぼ病気ですけど。

自分が親と接するときには「相手は遠い世界のまったく違う価値観を持った、とある民族の一員」くらいに認識しておけば、何かきついことを言われたと思っても「その民族特有の歓迎方法なのかな？」と考えられる。

何かきついことをされても「この民族なりの愛情表現なのかな？」と変換もできます。

それに、自分が親と接しているときは、とある民族に社会科見学しに行っていると思えば、気に病んだり、腹も立ちません。毒親のネチネチとした説教に落ち込むこともないでしょう。

とりあえず口では「へぇ〜そうなんだ〜」「なるほどね〜」なんて適当なことを言っておけばいいし、この方法の場合はあえて相手を刺激する必要もありません。

いわばこっちの方法は精神的な距離をとるってことです。

こうやって、相手の投げるすべての言葉を都合よく解釈できるようになれば、親からの主張がきても「へぇ〜そういう文化を採用しているんだねぇ〜」と一歩引いてコミュニケーションを取ることができるようになります。

それさえできれば、親からの期待を感知せずに、徐々に自由な人生行動をとれるようになるでしょう。

野宿してみる

あきらめチャレンジの2つ目は、「野宿してみる」です。

「家」をあきらめることに抵抗を感じる人は、試しに野宿してみるのが、コストもかからないし手っ取り早くできるので、チャレンジとしておすすめです。

野宿は究極的に何もない環境なので、自分があったらいいなと思うものと、なくても平気だなと思うもの、きついと感じたものの等が可視化されやすいんですよね。

たとえば、僕は冬に野宿していたとき、「屋根と枕と性能のいい布団があればなんとかなるな」という発見がありました。

布団がある程度暖かければ風は問題じゃないんだなとか、やってみてはじめてわかったことってあるんですよね。だから、自分なりのそういう要素をリスト化していく。するとこれまで特に意味もなく家のグレードを落とせないでいた人でも、「最悪別にボロくても、狭くても生きていけるな」とか「最低限、あのアイテムだけあれば、家の質は気にしなくてもいいいな」みたいな実感を得られる場合があります。

また、もしいきなり野宿はハードルが高いなと思う人は、1週間ぐらいいろんな環境の場所を旅してみるのも結構いいです。

過酷な環境の場所に行くだけでなく、恵まれたところにも行ってみれば、それぞれの印象や自分の欲しいもの、なくても構わないものを短期間の間に対比してあぶり出すこともできるので、これもおすすめです。

もちろん、それらのことをやってみようとすること自体に拒否感が強かったり、やってみた結果として自分のこだわりの強さを感じた場合はそれも収穫です。

そういう人は「家」はあきらめられないもののかなり上位にあるので、もし第2章、第3章を通して一番大事な欲求として自覚できていなかったとしても、「家」を重視した生活を送ったほうがストレスは少ないはずです。

あとは家賃などの問題は、自分が許容できる労働強度と給料のレベルとの兼ね合いで、妥協できるバランスをとればいい。

かなりのレベルであきらめられれば儲けものだし、まったくあきらめられなかったとしても自分の大事なものが改めてわかったと思いましょう。

パートナーと別れてみる

あきらめチャレンジの3つ目は、「パートナーと別れてみる」です。

読者の中には、すでに結婚してる人もいるだろうし、恋人がいる人もいるだろうし、そもそも恋人がいない人もいるでしょう。

恋人がいない人は、自分の思うように生きればいいだけなので、この項目はあまり関係ないですが、結婚していたり、結婚前提での恋人がいる人は、これから固定費を下げていこうなんて発想はなかなか難しいですよね。

だから、「固定費を下げて、自分の嫌じゃないことだけで生きていく生活」と「固定費は上がるし、そのために稼がなきゃいけないけど、大好きなパートナーはいる生活」を天秤にかけてみましょう。

つまり、「パートナーと別れてみる」のです。

何もいますぐ完全に別れる必要はありません。適当な理由をつけて、相手と1カ月でも、1週間でも、距離を置いてみる。自分の中でだけ別れた設定で過ごしてみる。

そこまでできない人は、できるだけリアルに別れた場合の想像をしてみる。

すると、「やっぱり、いまの家族は手放せないな」「何よりも大事」とか「意外と彼女と一緒にいなくても平気だわ」とか気づけることがあると思います。

そのうえで、もう一度天秤にかけてみて「しんどいことせずに、ラクに、豊かに生きたい」が勝てば、実際に別れてみればいいのです。そうすれば、「固定費下げたいのに、相手のせいで下げられない」みたいなことは解消できるでしょう。

とはいえ、子どもまですでにいる場合はかなりハードルが高いですよね。別れるうえでのメンタルコストもかなり発生するかもしれない。

だったら、第3章でも言ったみたいに、子どもの養育にかかるコストをできる限り削《けず》っていけばいい。習いごとも塾通いも私立の学校もあくまで保険でしかなくて、しかも絶対に将来安泰を約束してくれるわけでもない。

ならば、自由にお金のかからないことで遊ばせておいて、子ども本人がやりたいことに自発的に気づくほうがよくないですかね？

欲してもいないのに先に与えられると、うまいものもうまく感じなくなるのと一緒で、どんなにいい教育環境でも無理やりなら意味ないですからね。

僕だって高卒だけど、生きるのに困ってないし、なんとかなるんですよね（まあ、生存バイアスですけど）。

家だ、教育費だ、老後資金だ、と漠然と「貯金しなきゃ」に襲われるからしんどいわけで、削れるとこはあきらめて、今日を生きていけば、人生そんなにしんどくなる必要ないんですよ。

というわけで、子どもがまだいない人で固定費がかかるタイプのパートナーの場合は、別れるシミュレーションをできるだけリアルにしてみたらいいし、子どもがいる人は「できるだけ教育費をかけない子育てゲーム」だと思ってチャレンジしてみたらいいと思います。

3カ月白米なしで生活してみる

あきらめチャレンジの4つ目は、「3カ月白米なしで生活してみる」です。

まあちょっとふざけてますが、このチャレンジをしてみるとわかることがあります。

それは「白米ってめちゃくちゃうまく感じる」ってこと。

僕も普段そこまで「白米うまい」なんていちいち思わないですけど、3カ月間ヨーロッパに行って日本食が食べられないときって、無性に白米とか味噌汁とか食べたくなるんですよね。

つまりそれって、「白米がうまい」という以上に「久しぶりに食べるからうまい」わけです。

これって、学生の頃に行く安楽亭とか牛角と一緒なんですよね。

そりゃうまいんだけど、さっきの白米の例と一緒で、3カ月に一回くらいのペースで焼肉屋に行くから特にうまく感じるのであって、毎日焼肉食べたらだんだんうまく感じなくなってくるんですよ。

だから、お金に余裕はないけど食費は削れない、という人はそれを逆に利用して一度3カ月間白米を断ってみるといい。そうしたら、何よりも白米を一番うまく感じるし、うまさの感覚って日常的か非日常的かの問題が大きいんだなって身をもって気づけるはずです。

そうすれば、理論上は「高くてうまい食事をあきらめる」ことだってできるはずです。

実際、本気でメシをうまく食べたければ、第3章でも言いましたが、空腹状態をつくればいいんです。軽く断食するか、運動でもしてからメシを食べれば、大抵のものはいつもよりうまくなります。

結局、「高級寿司がうまい」っていうのも頻度の問題が大きいと僕は思うので、むしろ高級寿司は日常的にしないほうがおいしく食えるし、そうじゃないときは運動か断食してから安い寿司を食べれば、コストが過剰にかからずにおいしく食べられると思います。

僕的にはこれが食に関する一番いいあきらめチャレンジだと思いますね。

実際に落ちたら どうなるかを調べてみる

あきらめチャレンジの5つ目は、「実際に落ちたらどうなるかを調べてみる」です。

安定が欲しいというタイプの人は、不安を抱えているというのは第3章でも言いました。今後どうなっちゃうんだろう、みたいな不安が強いから、いまがしんどくてもそこから逃げることができないわけです。

じゃあそこでどうすればいいのかというと、どんなセーフティネットがあるのかを調べてみればいいのです。

結局多くの人が抱く「大学受験落ちたらやばい」「就活落ちたらやばい」「クビになったらやばい」……みたいなやつって全部漠然とした不安や恐怖なんですよね。

じゃあ本当に就活落ちたらどうなるの？　会社クビになったらどうなるの？　みたいなところをちゃんと知っている人って結構少ない。

でもちょっと調べれば、どれだけ補償が出るのかとか、クビになったらそのあと就職できるところはどのくらいあるのかとか、どのくらい生活保護が出るのか、みたいないろんなセーフティネットがあることがわかるんですよね。**そういうのを知らないから余計に怖いわけです。**

「ホームレスになるのは怖い」みたいなものも、実際にホームレスになったらどんな毎日になるのか知らないで怖がってるんですよね？　**要は、もうすでにその怖い状態をやっている先人がいるんだから、調べたり見に行けばいいわけです。先人、ナメないほうがいいですよ。**

別に第3章の僕みたいにホームレスのおっちゃんに直接話しかけなくても、安全地帯から1日観察してみればいい。それで少しでも「なんだ、平気じゃん」と思えたら割と不安って大丈夫なわけです（なんなら「昼間から酒飲んで仲間と将棋してて羨ましい」と思うかもしれない）。

安定したいっていうのは不安の裏返しだから、不安がなくなればそもそも安定したいとも思わなくなります。「安定」への執着はこうすればあきらめられるでしょう。

「怒られるかも」と思うことをあえて言ってみる

あきらめチャレンジの6つ目は、「『怒られるかも』と思うことをあえて言ってみる」です。

僕は職業柄、「こいつ、嫌い」「働きもせずに奢られやがって」みたいな感じで、よくTwitterとかTikTokで叩かれたりすることがあります。

でも僕の場合、どれだけ嫌な言葉を投げかけられても、それで不快になったり悲しくなったりすることはありません。腹が立つこともありません。

相手が何かそれっぽい理由を並べて「とにかく気にくわない」と言ってきても、遠い国のスラングを聞かされているような気持ちにしかならない。

だからイライラもしないし、「なんかすごいしゃべってるな～」という感じです。

そもそも現代人は、他人の意思を読み取ろうとしすぎな気がします。

コミュニケーションにおいて、「相手の言葉の裏にはどんな真意があるんだろう……」とか考えて話したりするのってめちゃくちゃ疲れませんか？

結局、他人の意思を推し量ろうとするのは、「嫌われたくない」からなんですよね。

でも、他人の真意なんて推し量ろうと推し量るまいと、どうせ本当のところはわかりません。だったら意味のないものとして扱うほうがずっとラクになれるわけです。


そこで今回は「嫌われたくない」の無意味さを実感するために、いままで「怒られるかも」と思って喉《のど》を通さなかったことをあえて言ってみてください。

それは、これまで言わないようにしていた自分の本音でもいいかもしれないし、自分が信じる価値観についてでもいいかもしれない。勝手に恐れて、周りの空気を読んで封印していたことを言ってみるのです。

そうすると、意外と怒られなかったりすることに気がつくと思います。

それに、もし怒られたり引かれたりしても、所詮《しょせん》価値観の違いがはっきりしただけだし、僕みたいに「意外と大したことないんだな」ってわかります。

結局、多くの人がなぜ人を叩くかというと、その叩く対象者が「自分の信じている常識」から外れていて、理解ができないからなんですよね。だから、「許せない」「ふざけんな」「こっちは真面目に働いてるのにずるい」というように、感情が噴《ふ》き出す。

でも、たとえばよく叩かれる僕であれば、別に法律違反をしているわけではないし、働くのが嫌ならみんなもやめればいいだけ。実際、僕を見ても腹が立たない人もいるわけだから、つまりは反応してる人の問題なんですよね。僕はありのままをさらけ出しているだけなので。

要は、そんな自分の価値観を押しつけてくる人たちに合わせて、「嫌われたくない」を遂行しようとすることの無意味さに早く気づいたほうがいいですよ、という話なのです。

ちょっと異端なこの本の「あきらめ戦略」を生きる人は、絶対これから少数派の立場になるので、僕みたいに「遠い国の言葉で何か言われてるな〜」ぐらいの感覚でいたほうがいい。

多数派による少数派叩きって、現実世界でもＳＮＳでも起きていることなんですけど、**叩い**

てくるやつらの本性を知っていれば、その人たちに「嫌われたくない」と思うことの無意味さもわかるし、それがわかれば別に傷つかないんですよね。

だからこそ一度「怒られるかも」と思って喉を通さなかったことをあえて言ってみたほうがいい。呪縛《じゅばく》が解ける。

実際やってみると、「なんか怯えてたけど意外と大したことなかったな」「怒られないように怯えてたけど、同意を集めにいく行為ってめっちゃムダだな」と感じるはずです（僕のように）。

もちろん、それでも「みんなと仲良くしたい」「そうすることが幸せだ」という人は、空気を読んでみんなと同じ意見を持って生きていけばいいわけです。

とはいえ、どれだけ空気を読んで多数派に合わせても、結局自分が幸せになれるわけでもないし、何度も言うようにそもそもすべての人と仲良くするなんてことは不可能です。

他者に基準を委《ゆだ》ねて自分を押し殺し続ける姿勢では、一生豊かにはなれないとそろそろ気づきましょう。

全部、解約してみる

あきらめチャレンジの7つ目は、「全部、解約してみる」です。

ここまではなんとなく第3章のあきらめにくいハードルをあきらめるためのチャレンジ、という感じでしたが、ここからは番外編みたいなものです。できるものは取り入れてみてください。

ここでのチャレンジは、もうタイトル通り、いま自分が払っているあらゆるサービスや毎月かかってくる固定費を解約して、一旦すべて0にする、という方法です。

めちゃくちゃ荒療治なのはわかっています。でも「0にする」って一見ものすごくハードなことのように思いますが、いざやってみるとそう身構えることでもなかったりします。

まずはスマホの通信契約を解約して、街のWi-Fiだけで生活してみましょう。

現代ではカフェに駅、少し歩くだけで無料のWi-Fiが飛んでいるのだから、わざわざ通信費を払う必要性もありません。

ムダにスマホをいじる時間も減って時間も有効活用できるだろうし、毎月スマホに1万円払っているとすれば年間12万円以上の節約になります。

ネットフリックスやアマゾンなどのサブスクサービスを利用している人も、一旦解約してみましょう。音楽サブスクも同様です。

そういったエンタメに生活が依存している場合、最初はやることがなくてしんどいかもしれないですが、ないならないで人間は新しい娯楽を見つける生き物です。

次に自分が生活で比重を置いているものを、すべて手放してみましょう。

たとえば毎月1、2万円分は服を買ってしまうという人は、1カ月服を買わないで過ごしてみる。交際費の比重が大きい人は丸1カ月、飲み会に参加するのをやめるとか。

自分の生活費の比重を占めている「必要と思っているもの」「なんとなく買っちゃっている

もの」を丸1カ月間あきらめてみる。

こんな風に計算していくと、あなたがこれまでの生活の「維持」にどれだけお金をかけていたか、が見えてくるはずです。

何かを捨てたり増やしたりすることに比べて、維持は一番ラクです。頭を使う必要がない。でも一回「0にしましょう」となったら計算や工夫をせざるを得ません。

0にしたうえで「もう一度同じものをすべて契約するために5万円かかります」と言われたら、あなたはそれでも了承するでしょうか。きっと、少し抵抗を感じるはずです。

どうにか固定費を抑えるために、何か余分なサービスに登録していたり、お金を落としていないだろうか、と必ず計算表を見直すでしょう。

ちなみに、このときに大切なのは他人の生活を勘定に入れないこと。

友人が楽しそうに酒を飲む姿をSNSにアップしているのを見たら、人間はたちまち真似をしたくなる生き物です（ホモサピエンスのすごいところは、真似が上手なところです）。

僕は人がどう生きているかにまったく興味がないので、自分にとって不必要なものをいくらでも淡々と削ぎ落とせるのですが、どうやらいろいろ奢られて聞いた話を総合すると、多くの人は、人の生活や人生に興味があり、そのせいで余計な買い物をしてしまう生き物みたいなのです。

だからそういう意味では、影響されやすい人はSNSを一度一切やめてみるのが、生活コストを下げて自分の欲望に忠実に生きるためにもっとも有効な方法かもしれません。

下駄を履いて徘徊してみる

あきらめチャレンジの8つ目は、「下駄を履いて徘徊《はいかい》してみる」です。

「いきなり何の話？」と思った人もいるかもしれませんが、これは意外と効果のある強力なチャレンジです。

僕は靴下を履けないので、基本夏でも冬でもどこでも下駄を履いているのですが、特に夏以外に街中で下駄を履いていると奇異な目で見られます。

たぶん、普通の人であれば、その大勢の人から向けられる視線にメンタルが耐えかねて、どこかで安い靴でも買って、履き替えるのでしょう。

でも、「あきらめ戦略」を生きると決めた人は、基本見栄やプライドは邪魔です。他人から見たら、ちょっと首をかしげたくなるけど、そんな常識に縛られて疲弊している人を尻目に、ラクで豊かに抜け道を生きるのが僕らです。

だからぐっとこらえて、履き続けてみるのです。

すると、言うほど周りは自分に興味を持っていないことがわかります。

一瞬、自分のほうを変な目で見てきた人だって、それほど粘着質に10分も20分もあなたを追いかけて、糾弾《きゅうだん》してくることはないでしょう。せいぜい興味を持った外国の人が話しかけてくるぐらいのものです。あとは、おばちゃんがアメをくれるとか。

そうなんです。結局リアルだろうがSNSだろうが、すべてあなた以外の人があなたに向ける関心なんてこんなもの。**要は、あなたを生きづらくしている最大の敵はあなたの中にいる見栄や恥、差別の心なのです。**


だから、見栄を手放すために下駄を履いてみればいい。

女性で化粧なしじゃ外に出られないと思う人は、スッピンで出かけてみてもいい。

とにかく自分が恥ずかしいと思うことを晒《さら》してみればいいのです。

そうすれば、「世の中こんなもんか」「恐れるに足りないな」ってことがわかるはず。

僕は以前、セーラー服おじさん（落ち武者のような白髪に仙人のような髭《ひげ》を蓄え、休日になると街中にセーラー服姿で出没する一時期ネットやSNSでも話題になった名物おじさん）の話を又聞きしたことがあったのですが、そのセーラー服おじさんも「セーラー服を着て外に出てみたけど、世界には何も起きなかった」って言っていたらしいです。

一番人の目を引きそうなことをしていても、それぐらいのものなのです。

だから、「実際にこれをやったら、恥ずかしいかな」などと、思い悩むことなんて意味がありません。早く、見栄と恥と差別から解き放たれたほうが人生は「ラクに、豊かに」なるのです。

ちなみに、この「下駄を履く」には他にもいいことがあります。

それは、他人からのネガティブな思いをシャットアウトできること。

自分で言うのもなんですが、僕は髪も伸ばしっぱなしだし、いつでもニット帽をかぶってるし、テレビに出たこともあって変なやつだと知られているせいか、下駄以外の部分でもそれこそ奇異の目に晒されます。

でも下駄を履いていると、外国の人に話しかけられたレベルの感覚で、「また下駄に興味持たれたのかな」ぐらいな感じで処理しちゃうんで、たとえすれ違った人から睨《にら》まれてネガティブな感情を向けられたとしても、傷ついたり、気になったりしないんですよね。

実際の相手の感情がどうだろうと、そんなことは無視して、全部ひっくるめて「たぶん下駄のせいだ」で処理できるわけです。これはかなり使えます。

ということで、自分の見栄を捨てつつ、なおかつ他人の顔色にも左右されない自分になるためには、下駄を履いて街を徘徊してみることをおすすめします。

誰かに奢られてみる

あきらめチャレンジの最後は、「誰かに奢られてみる」です。

「奢られる」を仕事にして早3年半、僕は「知らない人の面白い話を聞いて知的好奇心を満たしつつ、メシを奢ってもらえる。サイコー」って感じで、プロ奢ラレヤーをやっています。

でも、僕みたいな「奢られる」ということを普通に享受している人間がいる一方で、「働きもせずに、奢られてるなんて世の中をナメてる」「やってることが社会のクズ」って勝手にキレてくる人もいるし、「奢られるなんて図々しくて恥ずかしい……」と与えられることを拒否するタイプの人も一定数います。

この違いって何なんでしょうか？

そもそも僕は、「僕に奢りたい」と言ってきた人に奢ってもらっています。その分において、別に誰かに迷惑もかけていませんし、法令違反もしていません。それなのに傍から見ていて許せないという人は、そこに自分の反応する何かがあると思ったほうがいいです。

「なんでプロ奢ラレヤーを見てイラつくんだろう？」「なんでプロ奢ラレヤーが嫌いなんだろう？」と思ったらむしろチャンスで、そこを掘り下げてみれば、それまで自分が自分自身に課していた謎のルールとかが見えてきます。しょぼいクラピカ状態。

僕が思うに、それは結局「ちゃんとしなきゃいけない」という強迫観念であり、プライドだったりもするわけです。でも「ちゃんとしなきゃいけない」の「ちゃんと」ってそもそも誰が決めた基準なんですかって話ですよね？

その「ちゃんと」に縛られて、他者評価ばかりを求めて自分の感覚を大切にしないまま生きてきたから、いま生きるのがしんどくなっているんじゃないですかね？

ちなみに、「奢られるなんて図々しくて恥ずかしい……」という人も、結局は見栄やプライドが高い人です。

よく言えば、「貸しを作るとその分相手に返さねばならない」みたいに考える責任感の強い人なのでしょうが、悪く言えば「誰かにご飯を恵まれて生きるなんて」という見栄や恥がそこにあるわけです。

だからこそ、もし「お金に困らず、ラクに、豊かに生きる」ことをしてみたいと思ってこの本を手に取ったのであれば、一度「誰かに奢られてみる」ことをやってみましょう。

奢られることを仕事にしていないみなさんは、別に毎日のように奢られる必要なんかありません。ただ、「自力で稼いだお金以外はＮＧ」という謎のルールを手放して、人に甘えられる練習をすればいい。

誰にもお願いできないなら、「財布をなくしちゃって……」とか適当なことを言って、友人や恋人に奢ってもらうのでもいい。

ただそれだけのことですが、それだけのことを試すだけで、ざわざわと胸に湧き上がってくる認知してなかった感情を自覚できるはずです。

その抵抗感こそが、あなたを「お金に困らず、ラクに、豊かに」生きられないようにさせて

きた根源なのです。

再三言ってきた通り、もちろん「やっぱり奢られるのは無理」という結論もありです。その場合は、自分の中にある特性に沿って、多少コストはかかるけどそれを満たせる生き方をすればいい。

ただし、試してみた結果として「自分には無理だ」と認識したあなたは、自己理解が曖昧だった前までのあなたとは、もう違います。

ただ、「仕事がしんどい」と言っているのと、「世間体が大事な自分としては、労働で嘆《なげ》いていても仕方がない」と思えるのとでは、腹を括《くく》れる面で大きな差があるからです。

無自覚だった自分自身をあぶり出すことは、とても大きなメリットがあります。

このチャレンジは「あきらめ戦略」ができるかどうかの踏み絵的な意味でもありますが、それ以上に**自分の思考のクセやあきらめられないものを捉えることで、生き方の質を変えるための手助けにもなるでしょう。**

第5章

番外編

「あきらめる」以上に何か欲しい人へ

「価値の交換」を意識する

第4章までで僕の「あきらめ戦略」は一通り説明を終えました。

単純な話ですが、自分が満足できる一番欲しいものを定めて、それ以外はあきらめて捨てちゃおう、そのためには自分のキャパや自分がムダに陥りやすい欲求も自覚しよう、ということを長々と160ページ以上かけてやってきたわけです。

「お金に困らず、ラクに、豊かに生きる」をやりたくて、それ以上を望まない人にとっては、基本はこれで充分でしょう。

ただ、ここまで読んで、「コストを減らすだけじゃなくて、やっぱり多少はプラス方向に得することを知りたい」と思った人もいるかもしれません。

そこであくまで番外編として、ただ減らすだけじゃない、ささやかに得する方法についてこの章で説明しておきます。気になる人はコラムぐらいのノリで読んでください。

まず最初は「『価値の交換』を意識する」ということです。

僕は「プロ奢ラレヤー」として、医者とか前科者とかパパ活女子とか、いろいろな人に奢られることを仕事にしています。「何でそんな生き方が可能になるの？」とよく聞かれるんですが、**そもそも僕のソリューションは大抵「仲良くなったらいける」に尽きます。**

たとえば、コンビニの店長と仲良くなったら、山ほど出る廃棄《はいき》の1つや2つは持って帰らせてもらえるかもしれない（最近はダメかもしれないけど）。

この世界って基本はどんなことも対人間じゃないですか。だから極論、誰かと仲良くなっておくと余剰のものがもらえるチャンスが増えるので得につながるんですよね。

要は、ある程度仲良くなって関係性ができたうえで、相手に損がない価値を提示できれば、いくらでも交渉は成立するわけです。

そしてその交渉において大事になるのが「価値の交換」という概念です。

自分にとっての余剰のものは、ただ持っているだけではメリットはありませんが、欲しがっている人に譲渡《じょうと》すれば、自分もそこで見返りを得られます。たとえば、自分にとってのガラクタを「余ってるよ」と知らせると、そのガラクタに価値を見出した人が喜んで取りに来たりする。もらう側もタダだし、あげる側もゴミ処理代がかからなくて済むようになるから、お得ですよね？

こんな感じで「価値の交換」というのは機能しているのですが、実際世の中にはメシも家もお金もたくさん余っているわけで、これをうまくマッチングしていけば、自分の欲しいものがどこかの誰かからもらえるよね、というのが僕の活動のすべてなわけです。

だから僕の場合も、ただ「奢られている」というよりかは、「互いに価値を等価交換している」ぐらいの気持ちでいます。

言ってみれば、僕は「プロ奢ラレヤーに会えたら楽しそう」「奢れば会えるなら奢りたい」「直接話を聞いてみたい」という人たちの欲求を満たすことで、その交換として何かを奢ってもらっているわけです。

と、まあ僕の「奢られ」に限らず、結局こんな風に仕事もプライベートも「労働に見合った対価」とか「関係性に見合った相補性《そうほせい》」みたいな感じで、実は経済のすべての基本には「価値の交換」があります。

ただ、その中で気をつけないといけないのは、こうした「価値の交換」において、いつもどちらかが「損してる感」を抱くようなやり方を続けていると破綻を招く、ということです。

作業に見合った対価をもらえなければ働く意欲はなくなるし、夫婦間だって「自分のほうがいつも家事育児の負担が大きいな〜」と思ったら、相手に不信感を持つようになって関係性はたちまちしんどいものになりますよね？

というわけで、この「価値の交換」というのは、黒字・赤字の計算ができないと、気づいたらどんどん消耗《しょうもう》する原因にもなるものなのです。

じゃあ「そもそもこの黒字って何？」という話ですが、ここでいう黒字はお気持ちゲージでの話になります。

たとえば、無茶を言われたり、割に合わない金額でも「あいつのためなら、まあ別にいっか」みたいに自分が思えるなら、その交換はもう黒字です。

消費活動なんかでも、お金としての額面上は赤字だけど、その消費でうまいメシを食うとか、高級車を買えるとか、対価があって納得できていれば、黒字なわけです。

逆に、たとえどれだけ給料をもらえても「プライベートの時間」が自分にとって最重要なものなら、プライベートが仕事によって消費されると「気持ちのうえでの赤字」になります。

つまり、価値交換に伴う自分の中の黒字と赤字を見誤らないことが大事になるわけです。


となると、「赤字」を出さなくて済む方法が重要になるわけですが、どうしたらいいかというと、**「誰かと価値の交換をするときに、あげることでしんどくならないもの、減らないものを相手にあげること」**が大事になってくるわけです。

たとえば「チェコで頭のおかしなやつにナイフで追いかけられた」という僕のネタはいくら話しても減らないし、そもそも話すことは苦じゃないし、その話を聞きたいと言ってきた人が喜んで奢ってくれるので、無限定期券みたいなものでずっと使えます。

それと同じように、料理が好きな人は料理という価値提供だけで生きていけるように工夫すればずっと黒字をキープできるし、話を聞くのが好きな人はおしゃべり好きな人の横にいるだけで黒字になれます。

要は、価値交換の際に「自分が消耗する嫌なことを極力避けられれば、人生はどんな場面でも黒字化する」ということなのです。

だからこそ、会社、恋人、友人、家族との関係で、いま何だか消耗している気がする人は、自分の価値交換の内容を意識してみましょう。

いくらここまでの「あきらめ戦略」でコストのかかるものを圧縮しても、この「価値の交換」で消耗していると、しんどくなる場合があります。

自分にとって価値あるものを過剰に相手に分け与えて「損してる感」を溜め込んでいないか、自分ばかり赤字になっていないか、それに見合う黒字の収益はあるのか。

それは単純に時間やお金の問題かもしれないし、自尊心や愛情という目に見えないものかもしれない。自分の得意なことと相手の得意なことのマッチングのバランスが取れていないのかもしれない。

そうやって赤字の理由に気づいて、それを解消していくだけでだいぶ消耗度合いも減ってくるはずです。

なんにせよ、社会的に浸透している価値観（お金＝価値がある、みたいな）みたいなものと、自分にとっての大切な価値観を混同してしまっていると、「価値交換による赤字」は増えていきやすくなります。

肩書きとか家とか車みたいなものが自分の何かと交換するに値するものなのか、もう一度考えてみて、上手にあきらめていくことができれば、あなたの人生も黒字化していくはずです。

「徳」を積む

「価値の交換」について理解できたら、次は「徳を積む」の有用さについて説明しましょう。

世の中で行なわれている「価値の交換」のマッチング方法において、誰の目にもわかりやすく明確なものといえば、それは間違いなくキャッシュ（現金）でしょう。

みんなキャッシュのために働き、手に入れたキャッシュで欲しいものを手に入れる……。

一般的な世界において、キャッシュは誰しもが欲しいものだという前提で回っており、マッチングは常にキャッシュを介しています。


しかし、僕のような人間が生きるキャッシュの介在しない曖昧な世界では、マッチングはより直接的に行なわれます。

僕の周囲の人々は大抵曖昧に生きているので、残念ながらキャッシュとは相性が悪い。

そんな「キャッシュと相性が悪い人たち」が集まると、何が始まるのか——。
余剰物の贈与大会が始まるのです。

まずは、前項でも言った通り、自分にとって不要なものを与える。
余らせてしまってはすぐに腐ってしまう類《たぐい》の食料だったり、到底いまの体型では着ることができなくなってしまった服。趣味で始めたがすぐに飽きてしまい使わなくなったゴルフセット。
とにかく、そういった「自分が持っていても価値がないもの」を、少しでも「それが欲しい」という人のもとに渡します。

すると、ここで渡した相手から受け取れるのが、曖昧な世界におけるキャッシュ＝「徳」なのです。

「徳」というと、なんとなく宗教くさいというか、説教くさいと感じる人も多いかもしれません。しかし、これは非常に合理的な概念です。

何が合理的なのかというと、徳は相手に「一生涯、返済不可能な借金を一方的に貸すことが

できる」ということ。

どれだけ持ち主にとっては価値がないものでも、それに価値を感じる人に「タダであげる」ことで、もらった側は「ありがてえなあ〜」と感謝する。自分にとっては不要なものを渡しただけなのに、「この人は自分に与えてくれた。いつか、自分もこの人に同じことをしなくては」と大多数の人間に考えさせる——それが「徳」の力です。

そして、金を積んだりあくせく労働したり何かを我慢しなくても、相手との関係性を維持できるのが「徳」の最大のメリットなのです。

さて、そんな強大な力を持つ「徳」をさらに効率的に稼ぐにはどうすればいいのか。

さっそく答えから書いてしまうと、「いくらプレゼントしても減らないものをあげまくって、無限の徳に『換金』する」ことです。

「徳」とは、曖昧なマッチングを完了させたときに断末魔《だんまつま》的に現われるものですが、マッチングにおいて「減らないもの」を提供すれば、無限にマッチングを完了させられます。

つまり「徳」が無限に積めるという結果になるのです。

これは「いらなくなったものをあげる」ということとは微妙に異なります。あまりピンと来ていない人のために、いくつか例を挙げていくと……

【自宅】

家に誰かを泊めること。毎日誰かを泊めても家は減らない。ただ使っていない、ちょっとした空間で他人に寝てもらうだけでいい。お金を取ってしまうと民泊になってしまうので許可がなければNGだが、0円で「人間関係」「面白い話」「徳」を稼ぐことが許される。

稼いだ「徳」は確定申告の必要なし。非課税であり、規制も不可能。いつか路頭に迷ったときに、昔泊めた人が自分を泊めて救ってくれるかもしれない。

【持ちネタ】

面白いエピソードを話す。特技を見せる。これは間違いなく減らない。

僕のようなインターネット芸人が行なっているのは主にこれ。多くの人は知らないが、面白い話。多くの人には語れないが、僕だけには語れること。逆に、僕が語っても薄っぺらいが、マックのＪＫやギャルが語ることで説得力を持つ主張もある。

そして、これらは減らないうえに、自動的に伝播《でんぱ》していく。Twitterに一度書くだけで、YouTubeで一度話すだけで、どんどん「徳」が自動的に積まれていく。

また、面白い持ちネタは「自宅」を与えてくれるような人とマッチングがしやすくもなる。

興味を持たれることで、すべてのマッチングにおいてのファストパスを手に入れることができる。これは「面白い話を仕入れる」とセットの概念なので、そこから設計すると、簡単に「徳長者」になれる。


【無限に手に入るもの】


これは「減らない」というよりも、「減らないように見える」もの。

たとえば、飲食店をやっていると、「残飯」は無限に出てくる。

プロ奢ラレヤーをやっていると、「奢りにきた人の話」が無限に出てくる。

何かをやっていると、常に出てきてしまう廃棄物。

そういったものをただ捨てるのではなく、価値にしてプレゼントする。

その人が特殊なことをやっていればいるだけ、「特殊な余りもの」が無限に出てくることになり、それに大方比例して「徳」を積むことができる。

だいたいイメージができましたかね？

インターネット芸人とは、つまるところ「お金をもらう代わりに、徳を積む人たち」と言えます。もちろんインターネット芸人として成熟すると、いまの僕のように徳から溢《あふ》れたお金が入ってくる場合もあるわけですが、これは本質的ではありません。金銭的な報酬はあくまでオマケであり、「YouTuberになってお金を稼ぎたい！」的な思想とは一線を画す概念です。

本質的に価値があるのは「多くの人間に対して、たくさんの徳を積み続けている」という事実であり、それは0円で、かつ誰にでもできることなのです。

ちなみに、ここまでに挙げた「徳の積み方入門」以外にも、たとえばこんな「徳」を稼ぐ方法もあります。

【伝説を残す】

「面白いエピソードを話す」とはまったく別。

リアルタイムで見ている人たちの前で、「面白いエピソード」を自らの体を張って残す。僕のフォロワーにとっての「僕のTwitter」もそう。

もちろん、「面白いエピソード」として、目撃者以外の人たちに「いくらあげても減らないもの」として配りまくることもできる。

が、リアルタイムでの目撃者たちの熱量は段違い。より質の高い「徳」が積める期待大。

【挨拶】

挨拶《あいさつ》しよう。何も減らないのにイメージが良くなってすごい。

ついでに、自分っぽい固有のエピソードも話せると、相手の海馬《かいば》の面積を取らずに記憶されてよい。誰でも実行できて、実用的。「面白いエピソード」との相性は◎。

【優しくする】

優しくしよう。何も減らない、1円もかからないのに、優しくされるようになるからすごい。他人の人格を否定しないのがコツ。あと簡単に「死ね」って言わないこと。

【狙い撃ちする】

「徳」を積むにも方向性がある。コミュニティの中心人物であったり、発言力のある人間を狙い撃ちして、「徳」を積むとよい。特にナンバーツーを落とすのがコツ。

たとえば僕の場合、一回や二回会ったぐらいの人はすぐ忘れてしまうのだが、何度も会いに来てくれる人はさすがに記憶しているし、徳ゲージが貯まると「あの人は信用できますよ」と、何かの機会が回ってきたときに口にする可能性が高まる。

中心人物に対して「徳」を積むと、その周辺にも「徳」を積みやすい土壌《どじょう》が生まれる。

【ノリ】

何か楽しそうなことに誘われたら、ノリで即答する。すぐに行く。すぐに実行する。

この類の「徳」は、さらなる誘いの頻度を増やし、質を高める。あいつは提案したらやるし、提案する価値があるな、と周囲に思わせる。

逆につまらない提案には興味がないことを示すこと。興味がないのに興味があるっぽく振る舞って、結局は何もしないというのが最悪手。

と、まあこんな感じです。

これはあくまでインターネット芸人である僕の「徳」の積み方なので、いわゆる「社会」をやっている人からしたら難しいことも、逆にもっとできることもあると思います。

自分のできる範囲の中で、できる限りの「徳」を積んでいきましょう。

「与えよ、さらば与えられん」じゃないけど、「徳」を積めば、あきらめなければいけないことをあきらめずに済んだり、逆に固執していた何かをあっさり誰かにあげることもできるかもしれません。

「徳」は人生のムダなものを余すことなく再利用できる、賢い生き方なのです。

上手に恵んでもらう

「価値の交換」を理解して、「徳」という目に見えないキャッシュの存在を知ったら、最後にやることは「上手に恵んでもらう」ことです。

そもそも「ものやお金を人から恵んでもらう」という行為は、主に人生の「序盤フェーズ」で役立つコマンドです（人生の序盤フェーズとは、言ってしまえば「お金に余裕のない」段階のこと）。

格差社会だ、平均年収が下がり続けている等々言われていますが、現代においてこの「人生」というゲームの現状は、とにかく若い新規ユーザーには手厳しいものがあります。

考えてみれば、必要以上のお金はもちろん持ってないし、それを得るための情報や人材、そしてまた、その不足分を補うための時間までもが充分に与えられない人も多いでしょう。

だから、中盤・終盤フェーズを目指すより、序盤フェーズを満喫する方法を考えたほうが賢い。その1つが「価値交換で上手に誰かから恵んでもらう」ことなのです。

では、「価値交換で上手に誰かから恵んでもらう」にはどうしたらいいのか。

はい、そうです。この章でずっと話してきた、自分にとって余っているもの＝「余剰」が鍵になります。

先ほども言いましたが僕の言う「余剰」とは、たとえば「みんなが聞きたい話のネタ」だったり、「作りすぎて余ってしまったメシ」だったり、「5人乗りの車で余った2人分のスペース」だったり、「5人住めるのに2人しか住んでいない家」なんかも入ってきます。

こういった誰かにとっての「余剰」をもらえるようになるための戦略を練ればいいのです。

そしてそのためには、たとえば、もしあなたがこういった「余剰」を持っていたら、自分なら「誰にどういった条件でなら」それを譲るだろうかと考えてみること。

すると、逆に「どういった条件に当てはまる人間であれば、余剰物をもらえる生活が送れるのか」といったことも見えてくるはずです。

もちろんこの余剰を狙うという考え方は、僕のようなインターネット芸人でなくとも、もっと大枠の「人生序盤の処世術」としても役立つと思います。

それぞれの人がこの本を読みながら「どういった条件に当てはまる人間であれば、余剰物をもらえる生活が送れるのか」を考えて、自分なりの「余剰を恵んでもらう」戦略を立てるといいでしょう。

とはいえ、ここまで読んだら、僕なりの答えは何なのかを知りたい人もいるかと思います。なので、僕なりの「価値交換で上手に誰かから恵んでもらう」ための方法論を最後に説明しましょう。

①「村」を見つける

よく僕のようなインターネット芸人を見て「いいな」と思った人に多いのですが、自分も「Twitterで有名になって、不特定多数の知らない人から余ったものを受け取ろう！」と雑に「プロ××ヤー」をやる人がいます。

でも残念ですが、あれだと沈没します。ああいうのを見て、「奢ってあげよう」という気持ちにならないですよね？

大抵の場合は誰からも助けをもらえなくて修羅《しゅら》の国に飲み込まれていきます。

だから、不特定多数を対象にせずに、まずはもっと小さな村を見つけることです。

というのも、ネット上には無数の村が存在しているから。

××界隈とも呼ばれるそれは、いわゆる「オンラインサロン」のように視覚化されているものではなくて、「じーっと見つめているとぼんやり見えてくる、つながってる感じのコミュニティ」です。

まずは、いくつもあるそうした村の中から「ここでしばらく生活してみるか」という村を見つけること。これが最初に大切になってくることです。

もちろんこれはネットだけでなく、現実社会でも同じです。広すぎる世界で一人で生きていくのは大変なので、助け合えそうなコミュニティを探しましょう。地域コミュニティ、大事。

②「村人」に覚えてもらう

生息する村を決めたら、とにかく村人に住民として覚えてもらうことです。挨拶したり、積極的に会話に参加したり、自分にとっていらないものや、余剰の贈りものをしたりしましょう。

まずは「あの人はこの村の一員で、仲間だ」という初歩的な認知をしてもらう必要があるの

です。これは欠かせません。

ちなみに村に属さずに落とし穴に落ちていく曖昧な人類たちがするように、いきなり「お尻の穴でメントスコーラをしよう！」なんて過激なことまでしなくても大丈夫です。村は狭いので、挨拶だけでも覚えてもらえます。

強いて言えば、重要人物には「熟《う》れたマンゴー」的なもの（値段がピンキリで幅があるから、受け取る側がもらったものの価値を認識しづらいもの）を渡すと効果絶大です。

③「徳」を積む

村人として住民から存在を認知されたら、ここではじめて「徳」を積む行為をしてみましょう。「徳」を積むとは、前の項で説明したように、プレゼントしても減らないものを配る行為です。「お年寄りに席を譲る」「人に優しくする」「褒めまくる」などもこの徳に当たります。

④図々しさを間違えない

「余剰生活」に失敗する人の勘違いとして、村の中で「くれ！」と言って回ればもらえるだろう、というものがあります。とにかく図々しくすればいい、というのは勘違いです。

確かに最終的にはある種の図々しさがなければいけないフェーズがやってくるのですが、その前に「徳を積む」というステップがある意味を忘れてはいけません。**村の人たちは仲間であり、余剰を渡し合う間柄であって、搾取《さくしゅ》の対象ではないことを理解しましょう。**

というわけで、この4つを押さえておけばひとまずはいいでしょう。

1つ前の項の「徳」を積む話と連動するのですが、要は「徳」を積む行為と「村」に入っていく行為とはセットです。また、村人たちに「余剰を与える」ことは、もっとも効率的な「徳の積み方」だと理解しましょう。

いまの話を聞いていて、「自分が余剰を受け取って生活をしようというのに、余剰を与えてどうするんだ！」と思った人もいるかもしれませんが、そもそも余剰とは「当人の主観によって定まるもの」です。現状で自分に必要のないものは、おそらくずっと必要がない。

それに余剰というのは誰にでも存在しているもので、池袋西口に寝ているホームレスのおっちゃんだって「西口で穴場のトイレ」を誰かに教えることができる。

物質的なもの以外でもあなたの知恵や経験で「余剰しているもの」は必ずあるわけで、それを渡して、他の村人にとって余剰しているものを恵んでもらえばいい。贈与がもっともわかりやすい徳の積み方であり、しかもあとにも残るので、思い出してもらいやすいわけです。

さらにいえば、こうやって「村で徳を積む」ことは、そのまま与信《よしん》にもつながっていきます。これは大きな社会でいうところの「学歴」であったり、「勤務先」「勤務期間」であったりに値します。与信が貯まると、大家が家を貸してくれたり、銀行が金を貸してくれたりする。村にもこれの村バージョンがあって、その1つが「余剰を受け取れる」なのです。

こうして村人たちに徳を積んで与信が貯まると、「あ、そういえばあの人にはよくしてもらったなリスト」に加入できる場合があります。もちろん、そういった下心で贈与するのはバレるし、あんまり効率的にはよくありません。

しかし、こちらも余剰しているものを与えているだけなので、もし見返りなどなかったとしても特にマイナスはないですよね。だからこそ、下心なしで贈与ができる。

下心なしの贈与が連続すると、自分も相手の「贈与の送り先リスト」に入ることができ、「あ、そういえばこないだカニもらったんですけど、食べきれなくて……」とかいったおいしい話が回ってきたりするようになります。これが余剰生活の基盤なのです。

現代では隣の家の住人と晩御飯の余りものを交換し合うことはほとんどなくなりましたが、ネットというスラムの中では村を選択し、無数の隣人と物々交換をし合うことができます。

僕の「奢られて生きる」も、ここで言っていた「上手に恵んでもらう」も、この余剰生活そのものです。つまり「徳を積んだ」結果に与えられたものなので、堂々と享受していい。

すべてをお金で買う必要はありません。序盤フェーズは特に金欠が予想されるので、積極的に徳を積んでおいて、「あ、やった。なんか安く住める場所が手に入っちゃった」「すげえラクな仕事をもらえるようになっちゃった」的なイベントの発生確率を高めるのが重要です。

生活コストを圧縮して人生全体を好転させていくには、こうした「一度もらったら、それからの人生にレバレッジが効く」ようなものを入手することを念頭におくといい。お金は使えば減るけれど、一度積んだ徳は使っても減りません。「その人との関係性」という形に昇華されて、ずっと残っていくのです。

エピローグ

プロ奢ラレヤーの野望
～僕はこの世に「妖怪」を増やしたい～

●本当の「人生の勝利条件」とは何か

あきらめたら人生って結構ラクだし、意外と豊かだし、楽しいじゃん。死ななくて済むし。

第5章の番外編はさておき、それ以外の章ではそんな話をずっとしてきました。

それでもまだなんとなく「あきらめる」こと＝負け、だという思いを払拭《ふっしょく》できない人のために最後のダメ押しとして「人生の勝利条件」について話したいと思います。

僕自身、あまり競争ごとには興味がありません。**しかし、「人生の勝利条件」というものは**

誰かと競うためにあるというよりも「方針を示すコンパス」のようなもので、明日の自分が迷子にならないために、ある程度の精度で用意しておくべきものだと思っています。

というのも、「いま、何を追いかければいいいか」ということを理解するのは何においても重要なことだからです。

人生における勝利条件とは個人差があるものだと思われているので、「勝利条件とは○○だ」と断言すると、「勝手に決めつけるな、お前に何がわかる、自分が向かっている方角は間違いじゃないんだ、だからそうやって間違えを指摘するな」と怒鳴りつけられてしまいます（一般的に、人が怒るのは「本当のことを言われたとき」ですが……）。

でも、そうやって怒鳴りつけてしまう人のことは一旦無視しておいて、あえて簡潔に答えを言ってしまいましょう。

「『人生の勝利条件』とは、ずばり笑えることである！」と。

ラフ。ニヤつく。腹を抱えて笑う。ニコニコする。嬉し泣きする。スマイル。死ぬまで続く人生において、これらに費やす時間の長い人間が「勝ち」です。これだけは断言できます。

●「笑えること」はお金があることよりも強い

しかし、そうはいっても多くの人は「人生に勝つ」というと、なぜかすぐにお金に飛びついていきます。お金があれば何でもできるし、何でもできるということは、この世にある「一番笑えそうなこと」に触れる機会も多そうだから。

確かにそのロジックもわかります。

でも、それは本当でしょうか？

もしもそんな風にゲームの選択肢に迷ったときは、「先駆者の顔を見る」ことです。

つまり、自分が選ぼうとしている選択をした先駆者が、いま「自分が得ようとしているもの」を、どれくらいの割合でどれだけ得ているのか。それについて見てみるわけです。

たくさんのお金を持っている人間はどれだけ笑っているだろうか、その人数は「お金のない人たち」の中の「笑える人」に比べてどれくらいの割合なのだろうか、と。

結局のところ、僕は「笑える」ということ以上のことはないと思っています。

「たくさんのお金」というのは、あくまで笑うための手段の1つです。それは「家の前にいるアリをただ眺めているだけで1日中ずっと笑える」という性質には勝りません。

お金は「笑えない人」が笑うために、非常に役に立つアイテムなのは確かです。根が暗い人、すぐに気分が悪くなる人、教養のないバカな人。彼らにはお金がおすすめです。お金は鬱《うつ》に効くし、バカにも効く。

しかし逆説的にいえば、いわゆる「笑える人」には大したお金は必要ありません。笑う能力が高ければ高いだけ、「笑う」ということに対して払わなければならないコストは低いからです。

アリを見て笑っていれば、タワマンの一室にいる人類のように、自らの人間ランクの高さに浸るために数多《あまた》の時間と予算をかける必要はありません。

安く笑える人は最高にお得なわけです。

それでも「笑えるが勝ち」という主張に対して異議のある人は、きっととてつもなく崇高《すうこう》な精神の持ち主なのだろうと思います。

たとえば来世への希望とか、人類全体に向けた愛だとか、そういったものを持ち合わせているに違いありません。その点で「笑える」のだとしたら、それはそれで勝者なんでしょう。

想像力は知性の賜物。笑いたいときに、好きなだけ笑える人が「人生の勝ち組」です。手段を追いかけるのも楽しいかもしれませんが、たまにはこうして、もう一度目的に回帰してみるのも悪くはないのではないでしょうか。

● あきらめていいから、死なないように生きていこう

「笑い」の次には「生」の話をしておきましょう。

いきなりですが、僕は他人の人生に興味がありません。どう生きているか、何を考えている

か、とか超どうでもいい。

でも興味はないけれど、みんな死なないで生きればいいのになあ、とは思っています。

だって一人でも人間が減ったら僕に奢りに来る（可能性のある）人が一人いなくなってしまうわけなので（笑）。


というのはまあ冗談ですが、世界ではどうやら毎年、冗談にならないぐらいめちゃくちゃな数の人間が死んでいます。

インフルエンザでは25〜50万人。交通事故では135万人。あと80万人が自殺。今年は新型コロナで55万人以上がすでに死んでいます。

人生っていうのは生きているだけですごい。

だからこの本を読んでいる人には、これだけは言っておきたいんです。

「死なないように生きていこう」と。

少なくともここまで生き残ったのだから。

生きているだけですごいのは、誇張でもなんでもないことだと思っています。

じゃあ「死なないように生きていく」にはどうすべきか。

「あきらめる」ことです。生きるのをあきらめないために。

●「安定」なんてまやかしにすぎない

どれだけ未来を悲観して将来に多くを備えていても、どうしたって避けられないトラブルが世の中には存在していて、それはどんな人間にも多かれ少なかれ降り注ぎます。

新型コロナウイルスでそれを実感した人も多いはずです。

死なないためにも「絶対に起こること」については最低限の準備をしながら、それ以外のイレギュラーなトラブルは「まあいっか〜」「しょうがないよな〜」という感じで、あきらめながらやっていく。

人生はそれの繰り返しなのではないでしょうか。

コロナ以前にYouTubeの報酬基準が変わり、実質的に解雇になった一部のYouTuberたちに対して「そんな不安定な仕事してるからだ。ざまあみろ」的なこと言っている人たちがネット上では散見されました。

でもいまの状況はどうでしょう。別に僕はYouTubeをやってるやつがえらい！　かっこいい！　とは思っていませんが、「安定」した仕事をしていると勘違いしている彼らも、本当はいつ解雇されるかわからない。

不確実なことに溢れているこの世で、真の「安定」なんてあるのでしょうか。

「安定」をあきらめている人より「不安定な仕事をしている」ことに気づいていない人のほうが僕は危ない気がします。

たかが仕事をあきらめただけ。結婚をあきらめただけ。安定をあきらめただけ。

あきらめて「仕事をやめるコスト」よりも、余計なことを気にして「嫌な仕事を続けるコスト」のほうがずっと大きい。長期的に見たら「あきらめる」ほうが圧倒的にコストが低いのに、人間はどうしても短期的なコストの低さに目がいってしまい、これがジワジワ首を絞めるわけです。

仕事が嫌で嫌で仕方がなくて、明日を生きることをあきらめたくなるくらいなら、仕事をあきらめて生きればいい。

何かをあきらめる前には「さすがにこれをあきらめたらやばいことになるだろう……」と感じるけど、実際は「全然やばくないじゃん！」と気づきます。これは真理。誰でも同じ。

あきらめられる人とあきらめられない人の本当の違いは、「恐怖を感じるか」ではなく「恐怖がフェイクだと知っているか」です。

「10年は泥のように働け」と言っていた人が、数年後には自殺していた、という話を聞いたことがあります。**本当に守るべきなのは「収入」なんかじゃなくて「命」です。**

いろんなことをあきらめても、生きることだけはあきらめちゃいけない。

カロリー摂取と睡眠を欠かさなければ人間は生存できます。人間の維持コストはそれだけ。それだけなら年収50万円あれば守りきれるでしょう。

●迷惑なんてかけ合ってナンボ

「生存さえしていれば次がある」。

そういう初歩的で退屈で手垢《てあか》まみれで見映えの悪い気構えが、「死なないために」は一層求められていきます。

チェコで飢え死にしかけたとき、友達になったばかりのギリシャ人に「メシを奢ってくれ！」と頼んでみました。そいつは快く奢ってくれた。そこから世界が変わりました。

声を上げれば誰かが助けてくれる。俺はお金がなかったんじゃない。プライドがありすぎただけだった。

当時は助けてもらうのは申し訳ないと思っていたし、自分のことは自分で解決しなければ、と自分をあきらめられていませんでした。

日本が息苦しく「あきらめる」ことに寛容じゃないのは、「人に迷惑をかけちゃいけない」という前提が大きな要因になっています。いろんな国に行ったけど、これは日本の独特な文化だなーと思います。

たとえばインド人は平気でウソつくし、適当だし、全然時間も約束も守らないけど、**僕がすげえ好きなのは「自分も迷惑をかけて生きているから、人の迷惑も絶対に許す」ところです。迷惑をかけないのは不可能。だからお互いに迷惑をかける。かけられる。お互いさま。**

そういう生き方が浸透しているから「あきらめたら誰かに迷惑がかかるかもしれない……」なんて、そもそも思わない。

迷惑なんてかけ合ってナンボだろう、という気持ちで生きてみると「あきらめる」ことにも抵抗感がなくなります。

そんな感じで僕は僕に奢りに来る人が一人でも少なくなったら嫌なので、これを読んでいるみんなは死なないように生きていったらいいと思います。

そのために、あきらめられるものは、どんどんあきらめよう。

それでも、いま死にたい人におすすめなのは「3年後に死ぬ」という設定で生きることです。

「どうせ3年後に死ぬしなー。好き勝手やるかー。どうなってもいいやー」くらいにゆるく生きるわけです。

そうすると、だいたい3年後は僕みたいになります。

おすすめしたけど、おすすめはできません。

●「確実な未来」なんてどうせない

「老後とかどうするんですか?」

「今後の目標は何ですか?」

「この先、どう生きていくつもりですか?」

これは僕がもう何万回も聞いてきた、つまらない人がする典型的な質問です。

僕は「明日何をするか」も決めていません。

なので「50年後何をするか」なんて考えるわけがありません。
「いま何をするか」の最適解を常に追っていくつもりです。

晴れてたらカフェで読書するし、雨が降ったら家でゲームでもする。
日本に飽きたら海外へ行くし、メシが食いたければ奢られて他人の話を聞く。

そもそも「老後は～する！」と決めていたところで、その通りになる人なんてこの世にどのくらいいるんですかね？

仮に「5年後も、10年後も、50年後も思っていた通りの人生になった！　やったー！」なんて人がいるとしたら、「それって楽しいっすか？」と聞きたい。

人生は予想できないから楽しい、なんて手垢まみれの言葉を吐くつもりもないですが、どうせ想像通りにならないいんだから考えるだけムダじゃね？　と思います。
人生計画を立てて安心したい人は、どうぞご自由に。

でもいくらお金があっても、性格が良くても、安定した仕事をしていても、大抵のことは計画通りにいかないし、あんまり未来の自分に期待しすぎないほうがいいですよ。

未来の自分は「幸福なはずだ」と未来の自分に人生を押しつけて、いまが死ぬほどつまらない生き方になっている人をよく見かけるので。

●「妖怪」こそが、自然な姿

僕はこの世に最初からつまらない人間なんていないと思っています。

5歳児はみんなクレイジーで、好き勝手で、明日のことなんて考えずに、いまの楽しいを全力で追っていて、見ているだけで楽しい。

でもそこから余計な感情（見栄やプライドやお金）をインストールしていくから、徐々につまらない人間になっていく。

未来をどうこうしたい、という思いは僕にはありませんが、僕みたいな「妖怪」が増えたらいいなとは思っています。

以前「レンタルなんもしない人」と何かの仕事で対談したときに、彼は僕のことをニーチェで言うところの「超人」的だと思った、という話をしてくれました。

僕はニーチェについて語れるほど詳しくないですが、めちゃくちゃ簡単に言うと**「人間関係や生活の安定に振り回されずに、自分の意思を持って生きる」**というのが「超人」的らしい(細かい解釈は知らんけど)。


ニーチェの言う「超人」は、最近僕が使う「妖怪」というフレーズに近いものがあります。

僕は、僕のような生き方をしている変な人たちを「妖怪」と呼んでいて、日本という場所に「妖怪」がもっと増えたらいいな、と常々思っています。

それは面白い妖怪に出会って、面白い話を聞きたいから。

Twitterやnoteで僕が発信し続けているのは、そういう変な妖怪を増やすためなのかもしれない。

「妖怪」は一般社会ではなかなか理解されにくい存在ですが、一度「妖怪」で生きてみると、人間よりも面白れ〜となるはずです。**「妖怪」というのは周りからは異質な生き物に見えているのかもしれないけど、誰よりも自然に生きている人のことを言います。**

むしろ、普通の人のほうがずっと不自然でおかしくて「変」なんじゃないか、って僕は思うわけです。

●「弱点をなくす作業」はもうやめにしよう

僕が「こいつ……クソ面白いな……」と思う妖怪にはだいたい共通点があって、

- **1つのことにお金、時間をかける**
- **他者からの評価を気に留めない**

絶対にどちらかに当てはまっています。

そんなわけで俺も妖怪になって生きたい、と思った人は、もう一度この本をじっくり読もう（できれば僕の1冊目の本も読もう！）。

おまけで妖怪になるためのポイントを教えたいと思います。

それは「あきらめた」自分を隠さないこと。

仕事でもお金でも結婚でもモテでも安定でも、何でもいいけど、あきらめたことを人に知られたくないと思うから、どんどん自然な状態から離れていく。

「あきらめちゃった〜！　イエーイ！」ぐらいのテンションで生きて、適度に人に助けてもらえばいいのです。

人は人の弱点を愛する生き物です。

学校でやらされるような「弱点をなくす作業」は、いまの時代に向いていません。

不得意な部分は人に助けてもらう。

自分は得意な部分だけに特化し、それで不得意な人を助けてあげる。

「多くのことができるのは素晴らしい！　できることが多ければ多いほどいい！　これこそが自由だ！　労働バンザイ！」がおっさん的な考え方なら、**「多くのことができる必要はない！自分にとって重要なことだけができればいい！　これこそが自由だ！　休暇バンザイ！」というのが、あきらめ上手な人の考え方です。**

そして、ここまで読んだ人なら人生が「あきらめる」ことで、どれだけラクで豊かになるか、もうわかっているんじゃないでしょうか。

僕にとって「しんどい人を減らす」が小テーマなら「ヤバい人（妖怪）を増やす」は大テーマです。上手にあきらめて、みんなで楽しい妖怪になって生きましょう。

そして、妖怪になったら、ぜひ僕に奢りに来てください。

あとがき

「あきらめる」とは強さだ

この本、どうでしたか？　僕の著書としては、『嫌なこと、全部やめても生きられる』（扶桑社）に続く、2冊目にあたるわけですが、前回の本が想定していたよりずっと好評で、「世の中わからないものだな～」なんてことを思っています。

さて、本書は「あきらめる本」なわけですので、ここらで1つ、僕も実際に何かあきらめてみるとしましょう。師は語るよりも示すべきですから。やって見せるのが一番いいわけです。

僕は、「契約」とか苦手です。聞くだけで鳥肌が立ってゾワっとします。

どうしてそんなことをしなければいけないのか。明日のことなど誰もわからないのに、どうしていまこの瞬間に明日のことを決められるのか。僕にとって、契約はどこか「靴下」みたいなところがあって、ムズムズするのです。もしもしないで済むものなら、そうしたい。しかし、この本の印税をもらうためには「契約書」という鳥肌ゾーンを突破しなくてはいけません。契約、ケイヤク、けいやく…………。

……というわけで、この本の印税はあきらめます。編集者さん、そんな感じでよろしくどうぞ。印税、いりませーん。

実は、前回の本も「契約書ムリ〜」ということで、印税は1円ももらっていません。嫌なこと、全部やめても生きられる。印税なくても、生きられる。ってな感じです。

本書のタイトルは、確か『プロ奢ラレヤーのあきらめ戦略』（だっけ？）でした。これが本当のあきらめ戦略だ！　契約書を書くくらいなら、金などいらん！　金なんてものは「嫌なことをしないで済ませられること」以外に使いどころなどないのだから、金のために嫌なことをするなんて、本末転倒！

なので、ササっとあきらめてしまいます。

どうですか？　師のあきらめ力、そこそこ高いでしょう？

ところで、どこぞの仏教クラスタでは「あきらめる、とは明《あき》らめるだ」と言うそうです。
つまり、「何が本当に大切なことなのか、明らかにする」ということ。あきらめて、あきらめて、それでも残ったものが大切だ、という考え方でしょうか。これにはまったくもって同意します。

実際、これまでずっとお金ばかり追いかけて、「面倒だけど、金もらえるし、契約するか〜」なんてことをしていたとしたら、こうして本書を出版する機会にも恵まれなかったでしょう。あきらめてきたから、「大切でないもの」を明らかにしてきたから、いまの僕があり、これを読むあなたがいるのです。印税はないけど。

つまり、こうです。
あきらめることは決して悪いことなんかじゃない。それは殺されないための技術であり、よりよく生きていくための教義なのです。

たかが世間の雰囲気なんかに殺されないために、ポジショントークで夢を見させる人間なんかに殺されないために、たかが契約なんかに殺されないために、たかがお金なんかに殺されないために、大切でないことに殺されないために——。

そして、自分の信じるものを生かすために、自分の愛するものを生かすために、本当に大切なものを生かすために——。

そのために、「あきらめる」は役に立つのです！


最後にもう一度。

あきらめることは決して悪いことなんかじゃない。それは殺されないための技術であり、よりよく生きていくための教養なのです。

——あきらめた者からのメッセージでした。


プロ奢ラレヤー（@taichinakaj）

プロ奢《おご》ラレヤーのあきらめ戦略《せんりやく》
――お金《かね》に困《こま》らず、ラクに、豊《ゆた》かに生《い》きるには

令和2年8月10日　初版第1刷発行

著者　プロ奢《おご》ラレヤー
発行者　辻　浩明
発行所　祥《しょう》伝《でん》社《しゃ》
〒101-8701
東京都千代田区神田神保町3-3
☎03(3265)2081(販売部)
☎03(3265)1084(編集部)
☎03(3265)3622(業務部)
印刷　堀内印刷
製本　積信堂

ISBN978-4-396-61725-7 C0095
祥伝社のホームページ・www.shodensha.co.jp